一本书读懂行政管理

王子峰 著

中国经济出版社
CHINA ECONOMIC PUBLISHING HOUSE
北 京

图书在版编目（CIP）数据

一本书读懂行政管理 / 王子峰著 . —北京：中国经济出版社，2022.1

ISBN 978-7-5136-6806-4

Ⅰ . ①一… Ⅱ . ①王… Ⅲ . ①行政管理 – 基本知识 Ⅳ . ① D035

中国版本图书馆 CIP 数据核字（2022）第 008481 号

责任编辑 张梦初
责任印制 巢新强
封面设计 卓义云天

出版发行 中国经济出版社
印 刷 者 北京力信诚印刷有限公司
经 销 者 各地新华书店
开 本 710mm × 1000mm 1/16
印 张 16.5
字 数 210 千字
版 次 2022 年 1 月第 1 版
印 次 2022 年 1 月第 1 次
定 价 78.00 元
广告经营许可证 京西工商广字第 8179 号

中国经济出版社 网址 www.economyph.com 社址 北京市东城区安定门外大街 58 号 邮编 100011
本版图书如存在印装质量问题，请与本社销售中心联系调换（联系电话：010–57512564）

前　言

Preface

什么是企业行政管理？其在企业中处于怎样的地位？行政管理工作具体包括什么？对于这些问题，恐怕很多自认为“资深”的从业者也无法给出确切的答案。以往，人们对于企业行政管理存在种种偏见和错误认知，比如，认为行政管理工作就是“做文员”，就是“打杂”，认为行政管理部门在企业中地位“尴尬”、不受重视，认为行政管理对企业来说可有可无、影响甚微……

随着颠覆性技术不断出现、竞争的激烈程度逐渐加剧、市场形态愈发分散以及顾客需求变得愈发难以捉摸，企业也迫切需要打破传统、开启新的思维。因此，企业要获得长期持续发展，势必需要进行行政管理体系的完善与变革。

企业行政管理是企业管理与行政管理相结合而产生的一个概念，是企业为了生存与发展而依靠法律、制度、原则及方法对企业进行的职能性管理。由于企业行政管理体系可以推动企业的生产、资金、经营等业务的顺利、有效进行和相互之间的协调，因此它也被认为是企业的中枢神经系统。

可以说，企业行政管理就是在企业中通过行政管理的方式实现企业的管理目标。在企业的运行过程中，大到企业顶层设计、小到后勤服务，几乎所有工作都需要行政管理部门的参与。行政管理人员是否具备良好的专业知识背景，直接影响到企业能否建立高效的行政办公管理体系、能否更好地发挥自己的资源优势、能否在激烈的竞争中立于不败之地。就以往的经验来看，企业行政管理体系出现问题甚至可能给企业带来灾难性的后果。基于此，企业对行政管理人才的需求越来越迫切，对行政管理人才的培养也越发重视。

那么，企业行政管理工作内容具体包括什么？企业接待需要哪些前期准备？消防安全管理需要注意哪些要点？如何利用大数据进行档案管理？印章管理存在哪些风险，应该如何防范？员工宿舍管理应该执行怎样的规范标准？以上林林总总的问题往往会成为企业行政管理领域从业者的常见困扰。尤其对高校行政管理专业的学生、初入职场的迷茫新手和希望提升个人能力的行政工作者而言，他们迫切需要一本能够深入浅出地介绍企业行政管理各业务模块的图书，让繁杂的行政工作变得更具条理性、脉络清晰，让从业者能够一看就懂、一学就会，并可以使行政管理的工作效率倍增。

有鉴于此，我们编写了本书，希望为有志于从事企业行政管理工作的读者提供一些有益的参考和借鉴。全书共分8章，对行政人事管理、应急管理、接待管理、全案管理、印章管理、车辆管理、后勤管理和资产管理等企业行政管理工作涉及的业务模块进行了较为全面的论述，通过朴实生动的语言对企业行政管理工作过程中经常遇到的问题进行梳理，提供具体的解决策略，并尽可能地用可视化、流程化的方式呈现。此外，书中还提供了大量的范本和表格，能够供读者直接拿来使用或通过简单调整即可应用。

总体来说，这是一本具有较强实用性和操作性的图书，旨在为企业行政管理工作的标准化、现代化提供系统的操作指导。希望本书能够帮助广大行政管理领域的从业者获得更好的职业发展，并带动我国企业行政管理水平的整体提升。

目　录

Contents

CHAPTER 4 档案管理

CHAPTER 5 印章管理

CHAPTER 6 车辆管理

CHAPTER 7 后勤管理

CHAPTER 8 资产管理

CHAPTER 1 | 行政人事管理

1.1 行政管理

1.1.1 企业行政管理工作的意义

企业行政管理效率会对企业各项工作的开展产生直接影响。企业行政管理工作涉及的范围极广，具有很强的综合性，行政管理人员要加强学习，将学习到的理论知识应用于实际工作中，充分发扬“务实求实、注重实效”的作风，建立健全企业规章制度，提高行政管理效率，为企业的长远发展奠定坚实的基础。

企业做好行政管理工作可以对人力、物力等资源进行更加合理的分配，提高员工工作的积极性，减少资源浪费，加快企业的发展步伐，帮助企业不断扩大生产规模，获取更多经济效益。为了做好行政管理，企业必须完善各方面的管理制度，对管理部门以及管理人员做出合理安排，从而切实提高行政管理效率。

◆有利于增强企业适应经济社会发展的能力

我国经济的快速发展有赖于各企业的稳定发展，同时，经济的快速发展也能为企业发展带来各种机遇与挑战。近年来，为了鼓励企业发展，国家发布了很多经济发展战略以及任务。目前，各企业正在积极推动这些战略及任务落地，这个过程需要企业通过行政管理来推动。为此，企业要建立健全行政管理制度与相关的体制机制，围绕行政管理工作制定各种规章制度，保证行政管理工作可以稳步推进，同时激发行政管理部门员工工作的积极性，鼓励行政管理人员深入基层，了解各部门的工作流程与工作任务，根据企业的实际情况以及未来的发展规划制定各项规章制度。在行政管理部门的努力下，企业各部门可以实现稳定运行，保障企业顺应经济发展趋势，实现更好的发展。

◆有助于促进企业自身的发展和我国经济的发展

经济的高速发展给企业的行政管理带来了一定的挑战，使得企业发展遇到了一定的阻碍。为了更好地适应经济发展趋势，企业开始加强行政管理，与相关部门和单位紧密协作，建立良好的合作关系，从而为企业发展创建稳定的内外环境，不断壮大企业发展规模，提高企业的核心竞争力。除此之外，企业可以通过行政管理为员工提供帮助，为员工解决在工作、生活中遇到的各种问题，让员工感受到企业的关怀与温暖，从而提高工作的积极性，增强对企业的黏性，进而为企业发展贡献自己的力量，在带动企业发展的同时，也为国家经济发展注入源源不断的动力。

1.1.2 行政部门架构与岗位职责

◆行政部职责描述

行政部的工作职责共有五个方面，具体如表1-1所示。

表1–1 行政部职责描述

序号	部门职责
1	积极配合企业进行决策管理，起到良好的支持和辅助作用
2	协调沟通企业各部门之间的工作，起到良好的枢纽作用
3	做好企业内外信息的收集和处理工作，起到良好的参谋作用
4	为企业营造最佳工作环境，起到良好的管理作用
5	树立企业的良好形象，起到窗口和辐射作用

◆行政部的职能

管理、协调和服务是现代企业行政管理工作的核心职能，其职能主要包括以下三个方面，具体如表1–2所示。

表1–2 行政部职能

序号	部门职能
1	行政部不仅应在日常事务方面做好上级领导的“参谋和助手”，更应在企业的经营理念、管理策略、企业精神、企业文化及用人政策等重大问题上有自己的见解，从而真正成为公司领导不可缺少的“高参和臂膀”
2	充分沟通、清晰传达，协调各部门之间的工作，高效完成工作任务
3	提供高质量服务，做好各职能部门的后勤工作

◆行政部岗位职责

行政部岗位职责如表1–3所示。

表1–3 行政部岗位职责

序号	岗位职责
1	制定行政管理制度：组织制定企业行政管理的各项规章制度，并监督执行
2	负责管理企业行政、办公设备及用品，统一安排人员购买；组织对企业固定财产、物资进行登记造册
3	负责车辆的调度，协调各部门车辆的使用；安排好车辆的日常维护、保养及驾驶员的日常管理工作，组织建立车辆和驾驶员档案；控制交通费用
4	后勤保障工作：根据企业年度工作计划，组织、协调和安排后勤工作，包括集体宿舍、工作餐、办公环境、通信、医疗、卫生、职工生活等工作，确保企业整体工作正常有序进行

续表

序号	岗位职责
5	治安保卫管理：组织对安全保卫、消防、环境和卫生等工作统一进行管理，确保企业生产经营的安全、顺利进行
6	公司和分公司的基本建设管理
7	组织公司和分公司的物业管理（包括分公司的各种设施、设备的维护和保养）
8	负责本部门员工的配备、选拔，配合人力资源部组织部门进行技能培训，指导下级员工的工作，并对其进行业绩考核

◆办公室主任工作职责

办公室主任的工作职责如表1-4所示。

表1-4　办公室主任工作职责

工作职责	具体内容
制定行政制度	制定企业各项行政管理制度并报上级领导审批后严格执行，对行政管理工作进行检查与监督
对外联络	协调与政府有关主管部门的关系；协调与行业有关管理机构、协会、商会及其他有关各企业的关系，并代表本企业出席各种会议
对内协调	安排每周办公会议及其他各种会议、协调总经理和各部门的工作，上传下达，协助公司各部门组织活动
行政经费控制	按照企业年度经费预算，严格控制各项行政经费支出，并确认费用分摊范围，按月分摊各项费用，包括水、暖、电、办公用品费和房租等
文书档案管理	制定企业的文件管理制度，并根据管理制度制定年度文件编码，对文件进行登记和管理，并保管文件及档案
财产物资管理	制定固定资产管理制度，并依据各部门提供的所需行政财产物资的申请表，统一协调、购买；对企业行政财产物资进行登记造册，定期进行盘点，并负责行政财产物资的维修和保养
车辆管理	对企业的车辆采购、使用制定详细方案，并严格管理
后勤保障工作	根据企业年度工作计划，合理安排企业的后勤保障工作，包括集体宿舍、工作餐、办公环境、通信、卫生、员工生活等后勤保障工作，确保企业整体工作正常有序地进行

◆行政文员工作职责

行政文员主要负责会议、文书、印信、档案、接待、宣传栏、文件报纸收发工作，具体如表1–5所示。

表1–5　行政文员工作职责

序号	工作职责
1	接听、转接电话；接待来访人员
2	负责办公室的文秘、信息、机要和保密工作，做好办公室档案收集、整理工作
3	负责总经理办公室的清洁卫生
4	做好会议纪要
5	负责公司公文、信件、邮件、报刊杂志的分送
6	负责传真件的收发工作
7	负责办公室仓库的保管工作，做好物品出入库的登记
8	做好公司宣传专栏的组稿
9	按照公司印信管理规定，保管使用公章，并对其负责
10	管理好员工人事档案材料，建立、完善员工人事档案的管理，严格借档手续
11	统计每月考勤并交财务做账、留底
12	管理各种办公财产，合理使用并提高财产的使用效率，提倡节俭
13	及时完成公司领导交办的其他工作

1.1.3　行政管理体系的构建方法

一般认为，行政管理就是企业事务的管理，包括办公室管理、文书档案管理、总务后勤管理等。基于这种片面的认知，很多企业重业务、轻管理，只注重眼前利益，导致行政管理工作局限在事务性和服务性工作领域，没有建立系统完善的行政管理体系，导致企业的整体管理水平无法得到显著提升。

企业想要组建一个系统、完整的行政管理体系，首先要改变对行政管理的认知。作为一个经济组织，企业各项活动的开展都离不开行政主体、行政架构、行政手段和行政文化。我国很多企业将行政管理的各项工作全部归入行政部门，其他部门冷眼旁观，绝不干涉，实际上，这是一种管理缺失。企业各项业务的开展、各类目标的实现都要以良好的组织结构为依托，而这就需要对职能权力进行合理分配，将各项职责落实到人。需要注意的是，在企业的行政组织中，每个经理人都是行政主体。

行政组织结构是指构成行政组织各要素的组合方式，包括行政组织各成员、单位、部门之间的权责分工以及沟通方式。组织结构则是对组织中各项任务的分工协作进行合理安排，保证各项活动有序开展。行政手段包括章程、制度、程序、方法、工具等，可以通过不断改善组织结构，提高管理效率，达到更高等级的目标。行政文化则是企业文化的核心，是企业价值观的重要体现。

企业行政管理需要深入企业各个部门与机构，对销售、采购、生产、市场、技术、人员、设备、仓储、财务等业务模块进行协调，保证企业顺利运营。企业行政管理就是建立健全企业的管理模式，提高行政人员的综合素质，合理设计企业的行政结构，改进行政管理方法，不断完善行政管理体系。具体来看，企业行政管理体系的构建可以从以下几个方面着手：

◆明确目标

企业要根据行政管理的基本职能来确定行政管理目标，具体内容如表1–6所示。

表1–6 行政管理目标

序号	行政管理目标
1	整合企业的行政架构，明确内外部关系，为企业的高效运转提供强有力的保障
2	立足于企业使命，为各项活动的开展提供全方位保障，包括人力、财务、后勤、交往关系等
3	塑造良好的企业文化，提高全体员工的凝聚力与向心力

◆设计企业行政权力构架

企业行政管理要做好两项工作，一是优化企业行政架构，二是不断对企业的行政架构进行调整。在这个过程中，行政人员要考虑很多内容，包括企业组织的概念、类型、治理结构、组织结构设计原则、组织力量整合等。

◆行政管理技术体系

行政管理技术体系主要利用制度、程序等工具，对企业行政管理的领导方式、管理方式、沟通协调、控制监督等做出科学规定，以提高企业管理的水平与效率。企业行政管理体系创新追求的是企业内部管理活动的制度化建设、模式化运作和规范化行为，包括完善企业的行政架构、建立健全各种规章制度、开展行政行为、推广行政文化等。需要注意的是，行政管理的基本理念、方法与目标都要与企业整体的发展战略、使命与愿景相契合，要根据流程再造要求对行政管理流程进行革新，采用科学的行政管理方法，探索规范化的革新道路。

◆企业行政管理中的事务体系

企业行政管理中的事务体系包括办公室管理、文书档案管理、会议管理、总务后勤管理、企业行政信息系统管理五大部分。企业在构建行政管理体系的过程中，要秉持系统思维，确定行政管理目标，合理分配行政权力，采用科学的行政技术手段，践行科学的行政管理理念，做出合理的行政管理行为。

1.1.4 提高行政管理效率的实施路径

◆建立有效的行政管理模式

做好行政管理，可以推动企业实现良性发展。为了保证行政命令能够在企业内部贯彻执行，企业要根据自身特点，科学设计行政组织机构，采用科学的行政管理方式，实施规范化管理，同时秉持科学性和实用性的原则，完善行政管理部门建设，强化企业的内部管理职能，促使行政与管理相互融合，创建一套行之有效的行政管理模式。

◆坚持科学合理的企业管理方法

企业想要做好行政管理，必须立足于自身的实际情况，建立一套科学、完整的绩效评估制度、目标管理制度与成本核算制度，以及完善的绩效评价标准，创建公平竞争的平台。在这个平台上，管理者要给予员工充分的自由，不对员工的工作方式做过多的干预，只需衡量工作结果即可。对于企业的项目建设，行政人员要进行有效监管，重视成本预算，对管理人员以及员工的工作绩效做出科学评定，以切实提高企业的运行效率。

◆加强企业各部门间的沟通与协作

企业在运行过程中要加强各个环节之间的沟通与交流，其中，沟通包括横向沟通与纵向沟通，横向沟通指的是与企业内部相关职能部门、与关系企业的窗口部门和外界媒体及政府机关的沟通，纵向沟通指的是与上级领导、下属、部门之间的沟通。

在横向沟通的过程中，行政人员要做到真诚、谦虚、谨慎，为企业营造一个良好的外部环境。

在纵向沟通过程中，在与上级沟通时，行政人员要准确、全面地理解上级领导的意见与指示，了解问题的实质所在，同时要将收集到的意见与建议准确地传达给上级领导。想要做到这一点，行政人员必须有较好的观察分析能力与表达能力。在与下级沟通时，行政人员要有较强的组织能力与应变能力，将上级领导的决议准确地传达下去，并注意收集下级部门的反馈信息，巧妙地化解可能出现的矛盾。

总而言之，企业行政管理要坚持做好沟通协调，建立融洽的人际关系，对各方利益进行协调，加强协作，让企业获得更好的经济效益。

◆创新企业行政管理体制机制

面对激烈的竞争环境，企业必须加强行政管理体制机制的创新。受传统计划经济体制的影响，我国还没有形成完善的行政管理制度，因此在新的社会环境下，必须对行政管理体制与机制进行改革，制定出既符合企业当前的运营状态，又能够提高工作效率的行政管理制度。

首先，企业要建立健全行政管理领导体制，根据企业的实际情况制定合理的监督体制，对各部门的工作情况进行有效监督，保证各部门各司其职、各尽其责；其次，完善企业的行政管理制度，规范员工的行为，为企业的健康发展提供强有力的保障。

◆提高企业行政管理部门的人员素质

企业竞争力的提升，企业的健康发展离不开优秀人才的支持，尤其离不开优秀的行政管理人才。为了打造一支高水平、高素质的行政管理人才队伍，企业必须完善行政管理人员招聘机制，选拔一批优秀的行政管理人才，同时要加强对行政管理人才的培训，提高行政管理人才的整体素质。

首先，企业要提高行政管理人员的服务意识。行政管理部门最重要的工作就是为企业的发展服务，因此，企业要提高行政管理人员的服务意识，强化其服务职责，为行政管理工作的顺利开展提供强有力的保障；其次，企业要从德与才两个维度对行政管理人员进行考察，公开选拔德才兼备的行政管理人员，不断提高整个行政管理队伍的素质与水平。

◆加快企业行政管理工作信息化的进程

企业行政管理工作要适应企业信息化发展趋势，对企业的信息化建设产生积极的推动作用。首先，行政管理人员要借助办公自动化、ERP等软件开展网上办公，利用笔记本电脑、平板电脑、智能手机等移动终端将办公场地拓展到网络信号覆盖到的任何区域，让工作方式更加便捷，工作效率进一步提高。

其次，行政管理工作可以引入可视电话、可视聊天等网络化工具。

可视电话、可视聊天工具可以支持远程办公，支持上下级之间召开网络会议，实现高效互动，提高工作效率。除此之外，还可以引入网上点播电视、远程教学、远程医疗、电子图书馆、电子博物馆等内容，以切实提高行政管理工作的信息化水平。

总而言之，为了提高企业的管理水平，保证各项工作顺利开展，企业的行政管理人员必须具备较高的理论水平与业务水平，并不断学习，将学习成果应用于实践，保证行政管理工作有序进行、稳步开展。

1.1.5 【范本】企业行政管理制度细则

第一条　总则

1. 为加强公司行政事务管理，理顺公司内部关系，使各项管理标准化、制度化，提高办事效率，特制定本规定。

2. 本规定所指行政事务包括档案管理、印鉴管理、公文打印管理、办公及劳保用品管理、库房管理、报刊及邮发管理等。

第二条　档案管理

1. 归档范围

公司的规划、年度计划、统计资料、科学技术、财务审计、劳动工资、经营情况、人事档案、会议记录、决议、决定、委任书、协议、合同、项目方案、通告、通知等具有参考价值的文件材料。

2. 档案管理要指定专人负责，明确责任，保证原始资料及单据齐全完整，密级档案必须保证安全。

3. 档案的借阅与索取

（1）总经理、副总经理、总经理办公室主任借阅非密级档案可通过档案管理人员办理借阅手续，直接提档；

（2）公司其他人员需借阅档案时，要经主管副总经理批准，并办理借阅手续。借阅档案必须爱护，保持整洁，严禁涂改，注意安全和保密，严禁擅自翻印、抄录、转借、遗失。如确属工作需要摘录和复制，凡属密级档案，必须由总经理批准方可摘录和复制；一般内部档案经总经理办公室主任批准方可摘录和复制。

4. 档案的销毁

（1）任何组织或个人非经允许无权随意销毁公司档案材料；

（2）若按规定需要销毁时，凡属密级档案须经总经理批准后方可销毁；一般内部档案，须经公司办公室主任批准后方可销毁。

（3）经批准销毁的公司档案。档案人员要认真填写、编制销毁清单，由专人监督销毁。

第三条 印鉴管理

1. 公司印鉴由总经理办公室主任负责保管。

2. 公司印鉴的使用一律由主管副总经理签字许可后，管理印鉴人方可盖章，如违反此项规定造成的后果，由直接责任人员负责。

3. 公司所有需要盖印鉴的介绍信、说明及对外开出的任何公文，应统一编号登记，以备查询、存档。

4. 公司一般不允许开具空白介绍信、证明，如因工作需要或其他特殊情况确需开具时，必须经主管副总经理签字批条方可开出。持空白介绍信外出工作回来必须向公司汇报其介绍信的用途，未使用的必须交回。

5. 盖章后出现的意外情况由批准人负责。

第四条 公文打印管理

1. 公司公文的打印工作由总经理办公室负责。

2. 各部室打印的公文或其他资料须经本部门负责人签字，交电脑部打印，按价计费。

3. 公司各部、室所有打印公文、文件，必须一式三份，交总经理办公室留底存档。

第五条　办公及劳保用品的管理

1. 办公用品的购发

（1）每月月底前，各部、室负责人将该部门所需要的办公用品制定计划提交总经理办公室；

（2）总经理办公室指定专人制定每月办公用品计划及预算，经主管副总经理审批后负责将办公用品购回，根据实际工作需要有计划地分发给各个部、室，由部、室主任签字领回；

（3）除正常配给的办公用品外，若还需用其他用品的须经总经理办公室主任批准方可领用；

（4）公司新聘工作人员的办公用品，办公室根据部、室负责人提供的名单和用品清单，负责为其配齐，以保证新聘人员的正常工作；

（5）负责购发办公用品的人员要做到办公用品齐全、品种对路、量足质优、库存合理、开支适当、用品保管好；

（6）负责购发办公用品的人员要建立账本，办好入库、出库手续，出库一定要由领取人员签字；

（7）办公室用品管理一定要做到文明、清洁，注意安全，防火、防盗，严格按照规章制度办事，不允许非工作人员进入库房。

2. 劳保用品的购发

劳保用品的配给，由总经理办公室根据各部、室的实际工作需要统一购买、统一发放。

第六条　库房管理

1. 库房物资的存放必须按分类、品种、规格、型号分别建立账卡。

2. 采购人员购入的物品必须附有合格证及入库单，收货时要当面点清数目，检查包装是否完好，如发现短缺或损坏，应立即拆包清点数目，如发现实物与入库单数量、规格不符时，库房保管员应向交货人提出并通知有关负责人。

3. 物资入库后，应在当日填写账卡。

4. 严格执行出入库手续，物资出库必须填写出库单，经公司办公室主任批准后方可出库。

5. 库房物资一般不可外借，特殊情况须由总经理或副总经理批准，办理外借手续。

6. 严格管理账单资料，所有账单要填写整洁、清楚、计算准确，不得随意涂改。

7. 库房内严禁吸烟，禁止无关工作人员入内，库内必须配备消防设施，做到防火、防盗、防潮。

第七条 报刊及邮发管理

1. 报刊管理人员每半年按照公司的要求做出订阅报刊计划及预算，负责办理有关订阅手续。

2. 报刊管理人员每日负责将报刊取回并进行处理、分类、登记，并分别送到有关部门。有关部门处理后，一周内交回办公室，由报刊管理人员统一保管、存档备查。

3. 任何人不得随意将报刊挪作他用，若需处理，需经总经理办公室主任批准。

第八条 附则

1. 公司办公室负责为各部室邮发信件、邮件。

（1）私人信件，一律实行自费，贴足邮票，交办公室或自己送往邮局；

（2）所有公发信件、邮件一律不封口，由收发员登记，统一封口，负责寄发；

（3）控制各类挂号信。凡因公需挂号者，须经各部室主任批准，总经理办公室登记后方可邮发。

2. 本规定如有未尽事宜或随着公司的发展有些条款不适应工作需要的，各部门可提出修改意见，交总经理办公室研究并提请总经理批复。

3. 本规定解释权归总经理办公室。

4. 本规定从发布之日起生效。

1.1.6 【表格】行政部门各岗位职责描述

表一　人事行政主管岗位职责

第一部分：职位基本信息					
任职部门	人事行政部	职位名称	人事行政主管	工作性质	管理性
直属上级	总经理	下级职务	人事/行政人员	下属人数	10人
第二部分：工作权限					
1.决定（审批）权：决定本部门日常管理事务，不受任何人干扰； 2.否决（驳回）权：驳回不符要求申请； 3.检查（督促）权：检查本部门体系运行状况；检查下属工作质量； 4.协调（沟通）权：为开展工作，有权向相关部门同等职务及以下人员提出沟通要求； 5.建议（报批）权：向总经理提出管理改善方案和提出相关改善建议					
第三部分：任职资格要求					
1.文化程度：大专以上学历； 2.专业要求：人力资源管理、工商管理； 3.身体条件：五官端正、健康； 4.专业水平：熟悉制造业人力资源运作模式，能独立统筹与管理公司人力资源六大模块工作，在人事行政管理方面有着丰富的实践经验，有良好的组织、协调和执行能力，且具备良好职业道德和服务意识，思维敏捷，善于思考和观察，具有较强的写作能力； 5.性别要求：不限； 6.语言能力：普通话流利； 7.其他要求：熟悉人力资源管理流程，善于沟通和管理					
第四部分：工作职责					
1.负责公司人力资源、行政事务、企业文化、团队建设、管理体系等指导、监督、检查、管理工作，确保公司内部管理工作顺利进行					

续表

第四部分：工作职责
2.负责人事行政部全面管理工作，有效沟通、协调公司内、外各部门、各相关单位关系； 3.根据集团发展总目标，有效分解部门工作目标，制定切实可行的人事行政部工作计划并定期总结； 4.负责人事行政部全体员工工作分配及考核工作，草拟员工薪资、福利方案，并严格执行公司薪资管理制度； 5.负责员工“进、出、管、评”监督审核； 6.领导人事专员按计划完成集团管理制度编制和实施； 7.领导行政专员办理重要认证证书及外协工作； 8.审核控制各种办公费用； 9.负责人力资源建设； 10.负责企业文化宣传； 11.督促检查公司各项指令、制度执行； 12.完成领导交办的其他事务

表二　人事行政部人事专员岗位职责

第一部分：职位基本信息					
任职部门	人事行政部	职位名称	人事专员	工作性质	管理性、事务性
直属上级	人事行政主管	下级职务	无	下属人数	0人
第二部分：工作权限					
1.决定（审批）权：对员工违法违纪有处理建议的权力；协助主管完成人事系统工作； 2.否决（驳回）权：驳回部门合理编制外人力需求申请； 3.检查（督促）权：对各部门薪酬发放有检查及监督权力； 4.协调（沟通）权：为开展工作，有权向各部门同等职务及以下人员提出沟通要求； 5.建议（报批）权：向主管报批工作计划、建议本部门管理改善方案及提出合理建议					
第三部分：任职资格要求					
1.文化程度：中专以上学历； 2.身体条件：五官端正、健康； 3.专业水平：熟悉人力资源管理及人事运作模式，善于沟通协调，有一定文字功底 ，对人力招聘、培训与开发、薪酬福利、绩效考核有自己独到见解； 4.工作经验：有1年以上企业采购管理经验； 5.性别要求：不限； 6.语言能力：普通话流利； 7.其他要求：能熟练使用电脑办公软件，个人职业道德良好					

续表

第四部分：工作职责
1.组织并协助各部门进行招聘、培训和绩效考核等工作； 2.对各部门人员需求，根据编制程序进行审核，确定招聘方案； 3.执行并完善员工入职、转正、异动、离职等相关政策及流程； 4.员工人事信息管理档案维护，核算员工薪酬福利等事宜； 5.负责对应聘人员进行资历审核及填写； 6.对分配人员进行职前培训及试用期追踪； 7.负责对新老员工进行信息管理和档案维护； 8.对离职人员请求进行回复和处理； 9及时完成上级安排的其他工作

表三　人事行政部行政专员岗位职责

第一部分：职位基本信息					
任职部门	人事行政部	职位名称	行政专员	工作性质	管理性、事务性
直属上级	人事行政主管	下级职务	清洁工/厨工	下属人数	4人
第二部分：工作权限					
1.决定（审批）权：对员工违法违纪有处理建议的权力；协助主管完成人事系统工作； 2.否决（驳回）权：驳回不符要求的行政申请； 3.检查（督促）权：有权检查与监督厂区及宿舍区域清洁卫生及食堂安全卫生工作； 4.协调（沟通）权：为开展工作，有权向各部门同等职务及以下人员提出沟通要求； 5.建议（报批）权：向主管报批工作计划、建议本部门管理改善方案及提出合理建议					
第三部分：任职资格要求					
1.文化程度：中专或以上学历，管理类专业毕业； 2.身体条件：五官端正、健康； 3.专业水平：能独立开展行政后勤工作，并具备较强抗压能力； 4.工作经验：2年以上行政工作实践经验； 5.性别要求：不限； 6.语言能力：普通话流利； 7.其他要求：熟悉内、外单位办事流程，具有团队合作精神，善于沟通，有较强工作协调能力，执行力强					
第四部分：工作职责					
1.在人事行政主管领导下，负责公司食堂管理、宿舍管理、环境卫生管理、绿化管理等综合事务工作； 2.负责公司资产管理、办公用品和劳保用品管理工作，避免公司资产流失和浪费					

续表

第四部分：工作职责
3.负责公司各项规章制度推行、执行与追踪，维护公司各项规章制度权威； 4.负责公司车辆管理和司机管理工作，包括车辆调度、使用、维护保养，确保车辆及人身安全； 5.负责公司办公室日常管理工作和综合服务工作，确保后勤保障到位，工作顺畅和环境优雅； 6.负责做好各种自然灾害预防和处理工作，确保安全； 7.负责公司各部门办公秩序和纪律，确保工作正常有序无违纪现象； 8.配合工务进行内部维修管理，保障各部门正常开展各项工作； 9.完成上级交办的各项工作

表四 人事行政部保安队长岗位职责

第一部分：职位基本信息					
任职部门	人事行政部	职位名称	保安队长	工作性质	管理性、事务性
直属上级	人事行政主管	下级职务	保安员	下属人数	2人
第二部分：工作权限					
1.决定（审批）权：对每月考核不合格的保安人员有权予以处罚； 2.否决（驳回）权：对不称职保安人员有权提出调离和辞退建议； 3.检查（督促）权：有权检查各岗位保安员执勤情况，对玩忽职守、违纪违章人员有权进行处罚； 4.协调（沟通）权：为开展工作，有权向各部门同等职务及以下人员提出沟通要求； 5.建议（报批）权：向主管报批工作计划、建议本部门管理改善方案和提出合理建议					
第三部分：任职资格要求					
1.文化程度：高中以上学历，退伍军人优先； 2.身体条件：五官端正、健康，身高1.7米或以上； 3.专业水平：能独立开展保安及消防工作； 4.工作经验：2年以上保安管理实践经验； 5.性别要求：限男性； 6.语言能力：普通话流利； 7.其他要求：思想品德好，军事素质过硬，具有组织管理能力和一定的表达能力					
第四部分：工作职责					
1.主持全队工作，带领全队人员依据各自职责，认真做好安全保卫工作； 2.熟悉治安各岗位职责、任务、工作要求、考核标准，掌握治安区内保安工作规律及特点，加强重点岗位安全防范； 3.及时做好保安员岗位培训、军事训练及日常考核工作，经常检查各岗位工作情况					

续表

第四部分：工作职责
4.做好保安队月工作安排，每半月召开保安大会一次，并汇报人事行政主管； 5.带领保安队配合其他管理服务工作，制止、纠正各类违章行为； 6.负责全队队员内务管理和考勤工作； 7.处事公道，言行文明，对自己的缺点勇于改正，虚心接受工作建议和意见； 8.及时完成上级交办的其他事务

表五　人事行政部电工岗位职责

第一部分：职位基本信息					
任职部门	人事行政部	职位名称	电工	工作性质	管理性、事务性
直属上级	人事行政主管	下级职务	无	下属人数	0人
第二部分：工作权限					
1.决定（审批）权：有权对存在的任何水电安全隐患和故障进行及时排除； 2.否决（驳回）权：驳回不符合安全要求的申请； 3.检查（督促）权：有权检查与监督公司生活及工业用电情况； 4.协调（沟通）权：为开展工作，有权向各部门同等职务及以下人员提出沟通要求； 5.建议（报批）权：向主管报批工作计划、建议本部门管理改善方案及提出合理建议					
第三部分：任职资格要求					
1.文化程度：中专或以上学历； 2.身体条件：五官端正、健康； 3.专业水平：能独立开展电工工作； 4.工作经验：三年以上电工实践经验； 5.性别要求：限男性； 6.语言能力：普通话流利； 7.其他要求：必须持有电工证，工作认真负责，有极强的安全意识，能吃苦耐劳					
第四部分：工作职责					
1.负责全公司电器、照明及给排水设施的安装、检查和维修工作； 2.严格按操作规程安装电器和线路，消灭暴露电路和线路混乱现象，巡视公司供水电线路、水电表、开关和负荷等情况；发现问题及时处理或提出处理意见，防止事故，确保安全； 3.敢于管理，负责检查和处理违章用电事件，不讲情面； 4.负责编制电器、照明等方面维修用料计划，维修时认真执行领退料制度，节约用材，杜绝浪费； 5.保管好水电工工具及有关材料； 6.严格遵守劳动纪律，服务热情，维修及时，不留隐患； 7.负责宿舍区、出租房的抄表工作，及时将情况汇总到会计室； 8.及时完成上级交办的其他事务					

1.2 员工入职管理

1.2.1 新员工入职管理流程

◆新员工应聘接待流程

（1）应聘人员在人力资源部领取求职登记表并填写。在此之前，HR要准备好求职登记表和签字笔，热情接待应聘人员，解答应聘人员的问题，引导应聘人员填写求职登记表，并对填后的表格进行初步检查，保证所有内容如实填写。

（2）人力资源部组织初次面试，根据面试情况填写面试记录表，根据面试结果对应聘人员的档案进行分类，其中A类为初次面试合格者，B类为初次面试合格但岗位暂无空缺，C类为初次面试不合格者。

（3）初次面试结束后，人力资源部通知相关部门的管理者组织第二次面试，然后向第二次面试合格者发放录取通知书，通知其入职时间以及需要携带的资料。如果没有第二次面试，初次面试结束后就要向面试合格者发放录取通知书。

◆新员工进入企业前的报到流程

新员工入职前1～2天，人力资源部要做好以下几项工作，如表1–7所示。

表1–7　人力资源部的工作内容

序号	工作内容
1	整理新员工的个人资料，确定报到时间与报到方式
2	通知新员工需要准备的物品，包括个人学历证书原件及复印件、身份证原件及复印件、证件照、水杯等。如果公司提供住宿，还要通知新员工携带床上用品、洗漱用品及其他个人物品等
3	明确新员工的联系人，确定新员工的工作内容，向新员工发放基本工作物品，包括《入职培训指南》《员工手册》、工号牌、考勤卡、餐卡等

新员工的入职联系人一般为新员工的直接领导，以帮助新员工尽快适应部门工作，融入新集体，快速进入工作状态。同时，直接领导做联系人还可以了解新员工的工作表现与工作能力，判断其是否适合合该岗位。

另外，HR要通知相关部门领导做好新员工入职的引导工作，包括将新员工介绍给本部门员工，向新员工介绍工作内容以及工作流程等，提前将新员工的基本情况告知部门员工。

◆新员工入职管理方法

新员工入职管理方法具体如表1–8所示。

表1–8 新员工入职管理方法

新员工入职流程	管理方法
新员工进入前	通知新员工按时报到； 新员工报到当天，为其办理入职手续及其他事宜； 部门负责人提前为新员工安排好工位，部门总经理确认其职位； 通知新员工报到时应提交的资料； 部门经理为新员工确定督导师并在入职当天介绍给新员工
综合办公室办理入职手续	新员工填写《员工履历表》； 向新员工发放公司的管理制度手册，帮助新员工尽快了解公司； 按照《新员工入职手续清单》带领新员工办理入职手续； 向新员工确认调入人事档案的时间； 向新员工介绍公司的管理层； 带领新员工前往入职部门，将新员工介绍给部门经理； 通过电子邮件或者公司内部刊物将新员工介绍给公司全体人员； 更新员工通讯录
由部门办理的部分	新员工进入所属部门后，部门经理要带领新员工参观整个部门，向其介绍部门成员及其他部门的相关成员； 新员工的直属领导向新员工介绍岗位职责与工作内容； 部门召开例会，向部门员工介绍新员工，并表示欢迎
入职培训	组织新员工培训； 介绍企业发展历程，不定期举办企业文化、各部门职能与关系等方面的培训
满月跟进	新员工入职满一个月，人力资源管理部门要对其工作进行跟进，与其直属领导面谈，了解其对新员工的评价； 与新员工面谈，了解其对公司、直属领导以及工作的看法

续表

新员工入职流程	管理方法
转正评估	转正是对员工在实习期工作表现的一次评估，是公司优化用人的一个重要环节。对于员工来说，转正是一次肯定与认可，这个过程处理得当，会让员工重新认知自己，实现自我提升 员工转正需要用人部门与人力资源部门进行审批，并办理相关手续 新员工实习期满后，由人力资源部门组织进行转正评估。首先由员工进行自我评估，然后由直属领导进行评估直属领导的评估结果会直接影响新员工的去留

◆新员工入职的注意事项

新员工入职时，HR还需要注意以下几点事项，如表1-9所示。

表1-9 新员工入职的注意事项

序号	注意事项
1	HR带领新员工参观部门之前，要与部门经理做好沟通，以免影响部门的正常工作
2	在参观部门之前，HR要向新员工强调一些注意事项，例如保持安静、礼貌问好、不打扰部门员工的工作等
3	在参观过程中，HR要认真回答新员工的问题

1.2.2 制定新员工入职培训计划

新员工进入公司后非常担心被孤立。因此，新员工入职培训的一个主要目的就是消除新员工的陌生感，让新员工快速了解企业的发展现状、未来的发展方向、个人的成长空间等。具体来看，在这个环节，企业要做好以下几项工作：

（1）营造团结、温暖、和谐的氛围。从心理学层面看，人来到一个陌生的环境会产生强烈的不适应感，因此，想要让新员工尽快适应新公司的环境，融入新公司、新部门，首先要营造出一种相互关心、团结友爱的温暖氛围，让新员工放松下来。

（2）上下级经常沟通。HR或部门管理人员要主动与新员工沟通，加强对新员工的了解，帮助新员工解决在工作过程中遇到的各种问题，帮助新员工尽快适应岗位。

（3）组织新老员工开展工作交流会。一些公司为了增进新老员工之间的互动，在没有任何准备的情况下将新员工放入老员工队伍，任其自生自灭，这样做不仅无法缓解新员工的焦虑，还会进一步增加新员工的恐惧，加速新员工流失。为了避免这种情况发生，如果公司的新员工比较多，公司可以组建一支新员工队伍，选派有责任心的优秀员工或者管理人员担任组长，带领新员工适应新的工作环境。在新员工可以独立工作后，再解散新员工队伍，将其编入各个部门。这样一来，新员工就可以与老员工更好地交互融合，提高留存率。

（4）采用头脑风暴和民主研讨的培训模式对新员工进行培训，鼓励新员工在培训课堂上多提问、多发言。很多企业的新员工培训主要采用课堂讲授方式，授课方式比较生硬，培训效果不好。新员工培训一定要抓住新员工的核心需求，开展互动式教学与分享，引导新员工提出自己的诉求，增进培训者对新员工的了解。

根据入职培训目标制定入职培训计划，保证新员工入职培训有序开展。HR在制定新员工入职培训计划时，要对培训老师、培训场地、培训内容、后勤保障等进行综合考虑。在培训内容方面，新员工入职培训要考虑以下几点，如表1–10所示。

表1–10　新员工入职培训注意事项

注意事项	具体内容
企业文化	对于新员工来说，公司发展历史、组织构架、部门相关领导及职能划分、基本的人事/行政/财务制度及管理流程、企业文化都是他们非常关心的内容。因此，新员工入职培训要对这些内容进行详细介绍，以满足新员工的需求

续表

注意事项	具体内容
公司所处行业的特点、产品知识	在新员工培训中，培训人员一定要向新员工介绍行业特点、行业的发展前景、公司的产品优势以及一些基础的业务知识。如果条件允许，培训人员可以带新员工参观产品生产过程，请市场部负责人或生产部负责人向新员工介绍产品的基本情况，帮新员工了解公司产品，明确自己的岗位职责
安全生产基础知识	如果是生产企业，在培训过程中必须向新员工讲解安全生产的基础知识，向新员工讲解进入工作厂区必须遵守的各项规定，保证生产安全

1.2.3 建立新员工入职培训体系

◆明确员工入职培训内容

企业开展新员工入职培训的主要目的就是让员工更快地熟悉企业的运作流程，了解工作内容，明确公司对自己的要求等。因此，HR要合理设计培训内容，保证培训效果，如表1–11所示。

表1–11 员工入职培训内容

入职培训	具体内容
岗位要求与岗位技能	新员工入职培训主要由用人部门的负责人担任讲师，主要目的是让新员工明确自己的工作内容，以及需要为做好这项工作做的准备工作。除了提升新员工的工作技能外，还要对新员工开展认知入职培训以及职业员工入职培训
认知入职培训	主要包括企业概况、企业主要管理者、企业制度、员工守则、企业文化宣讲等，采用集中入职培训方式，由公司管理人员以及HR担任讲师
职业员工入职培训	社交礼仪、人际关系、沟通与谈判、科学的工作方法、职业生涯规划、压力管理与情绪控制、团队合作技能等，其目的是让新员工尽快成长为一名专业的职场人员

◆了解员工的真实想法

很多企业招聘新员工是为了满足工作的迫切需求，新员工进入公司便立即投入繁忙的工作，导致新员工产生不良情绪，或选择逃避，或主动离职。为了避免这种情况发生，HR要深入了解新员工的真实需求，了解新员工的内心世界。

新员工希望获得关注，为此，企业负责人要尽量加强与新员工的交流，拓展交流渠道。企业还可以为新员工安排一位督导人员，引导新员工适应工作环境以及工作岗位，帮助新员工制定职业生涯规划，加强对新员工的管理，为新员工的成长与发展奠定良好的基础。

◆开展新员工入职培训评估

为保证培训效果，HR要密切关注新员工入职培训的质量，立足于入职培训目标，对培训过程进行跟踪，对入职培训的各个环节进行评估，保证入职培训计划与实际岗位需求相互衔接。具体来看，在新员工入职培训评估方面，HR要做好以下几点，如表1–12所示。

表1–12　新员工入职培训评估

序号	培训评估
1	对入职培训资源进行合理分配
2	对入职培训效果进行科学评定
3	对入职培训过程进行评估，保证入职培训活动按计划开展
4	反馈入职培训计划的执行情况，对入职培训计划进行调整
5	对入职培训过程进行检测和评估，保证入职培训效果

开展入职培训效果评估，可以对入职培训效果进行实时检测，激发新员工参与入职培训的积极性，保证新员工可以更好地吸收、消化培训知识与内容。通过新员工入职培训评估，企业可以了解新员工入职培训目标的完成情况，进而采取有针对性的措施进行改进。

对于企业的人才资源管理与开发来说，新员工入职培训是一项非常重要的工作，可以提高新员工的个人素质与工作能力，让新员工尽快熟悉公司，完成角色转换，更好地胜任工作。因此，企业的人力资源管理部门应该围绕新员工入职培训创建长效机制，从而为企业培养和留住更多优秀人才，为企业发展注入不竭动力。

1.2.4 员工绩效辅导的三种方式

绩效辅导有三种比较常用的方式，具体分析如下：

◆建立部门例会制度

定期召开部门例会可以满足团队成员相互交流的需求，成员间相互掌握工作进展，交流讨论工作中遇到的问题以及解决问题的经验、方法，探讨一套最科学、最有效的问题解决方案，帮助员工完成个人绩效目标，进而完成团队绩效目标。

定期召开部门例会要注意以下几点，如表1–13所示。

表1–13 召开部门例会注意事项

序号	注意事项
1	召开会议之前，经理要做好充分准备，明确会议重点与目的
2	注意控制会议时间与议题，引导与会者集中注意力解决重要问题
3	营造良好的沟通氛围，明确沟通目的就是发现问题、解决问题，避免相互指责、相互推诿责任等情况的发生
4	会议结束后，采用书面形式将会议沟通事项以及探讨生成的解决策略记录下来，形成会议记录

◆建立定期的报告制度

建立定期报告制度，要求员工用文字或表格定期向经理汇报工作进展，如在工作中遇到的问题，需要获得的支持，工作计划的变更等。报告的形式有很多，包括工作日志、周报表、月报表、问题处理记录、出差记录等。

因为书面报告可以跨时空完成，不需要经理和员工在固定的时间、空间进行面对面交谈，所以不会打乱他们的工作计划。对于身处异地的员工与经理来说，建立定期报告制度，要求员工定期以书面的形式汇报工作非常有必要。

经理通过批阅报告可以快速了解员工的工作进展，获取需要的信息。因为报告本身就是一种记录，所以经理无须再进行额外的记录，只要将员工的工作报告保存下来即可。对于员工来说，在撰写报告的过程中会认真思考工作中存在的问题，以及解决问题的方法等。通过这个过程，员工可以提高理性、系统地思考问题的能力、逻辑思维能力以及书面表达能力，可谓是一举多得。

但是，书面报告也存在一定缺陷，其只能实现单向的信息流动，无法让经理与员工开展双向沟通，很容易让沟通流于形式。再者，书面报告是信息在经理与员工之间的双向流动，无法实现共享。另外，对于经理来说，阅读书面报告需要耗费大量时间，容易忽略现场管理。因此，为了减轻经理的阅读压力，对书面报告的格式进行统一设计非常有必要。部门或者团队可以根据工作性质对书面报告的格式进行结构化设计，员工只要按照项目填写内容即可。

◆经理和员工的直接面谈或电话沟通

为了弥补书面报告制度的缺陷，经理与员工可以直接面谈或者电话沟通。在此之前，经理要明确沟通目的以及沟通重点，对沟通流程进行有效掌控。沟通重点应放在具体的工作任务以及标准上，鼓励员工表达自己的想法与观点，以开放、坦诚的态度进行沟通与交流。直接面谈或者电话沟通可以让管理者与员工就出现的问题进行交流讨论，共同寻找解决方法，对于提升员工业绩以及团队的整体业绩具有重要意义。

1.2.5 【图例】新员工入职培训流程图

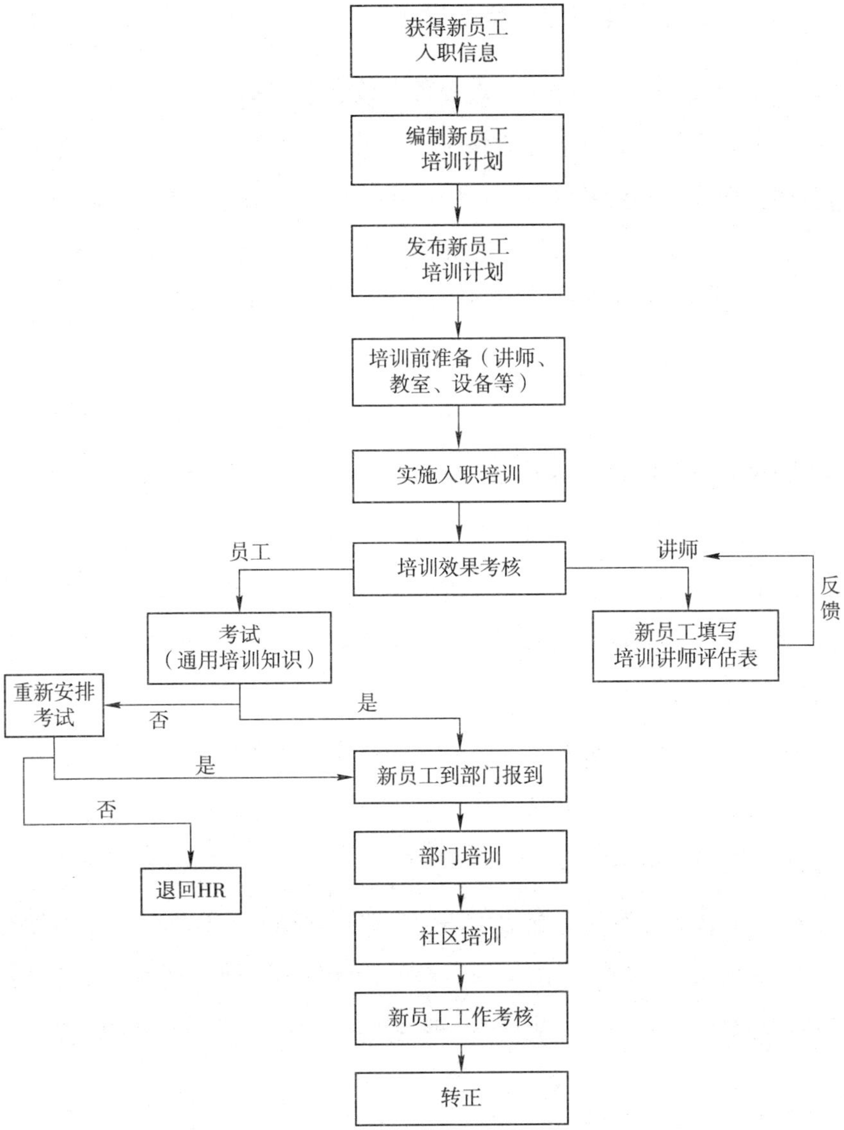

1.3 员工绩效管理

1.3.1 建立新型的企业绩效文化

对于公司来说，做好员工的绩效考核非常重要。因为绩效考核不仅可以反映公司管理目标的达成情况，还可以反映在各项管理目标实现的过程中各岗位员工的表现，从而及时发现工作能力较差、无法胜任岗位、无法满足开展业务需求的员工。对于这类员工，管理人员要及时对其工作进行调整，以免因为某一位员工的工作不力导致业务链条无法高效运转，导致企业的经营目标无法实现。

但在实际应用过程中，大多数公司开展绩效考核的目的是对绩效考核不合格的员工进行经济处罚。事实上，这是一种舍本逐末的做法。因为相较于员工工作不力导致企业运行效率低、产品或服务质量下降给企业带来的经济损失来说，对绩效考核不合格的员工进行的经济处罚几乎可以忽略不计。最重要的是，员工受到处罚后依然在该岗位工作，给公司带来的经济损失会不断扩大。

企业要改变绩效考核方式，必须先改变绩效考核理念，更新企业的绩效考核文化，即强化绩效考核对员工行为的引导作用，弱化绩效考核对员工的处罚作用，具体分析如下。

（1）强化引导作用。在公司内部大力宣传绩效考核对员工的引导作用，改变公司中高层领导对绩效考核的错误认知，通过绩效考核让员工明确公司的价值理念、工作方式、业务重点，进而对员工行为进行引导。

以采购人员为例，采购人员绩效考核的主要目的是提高供应链的运行效率，换言之就是提高物资采购效率，降低物资采购成本。绩效考核导向就是要突出这一点，在制定绩效考核指标时要突出采购计划的及时达成率以及采购成本的降低率，指标权重设计也要有所突出，引导采购人员理解绩效考核目标。

（2）弱化处罚作用。弱化经济处罚，不是取消经济处罚。对于员工来说，经济处罚会起到一定的警告作用，但必须在员工可以承受的范围内。从本质上看，弱化经济处罚就是改变员工对绩效考核的认知，让员工认识到绩效考核的目的不是扣工资。考核不合格会受到经济处罚，表现优异会得到奖励，让员工感受到绩效考核的公平与公正。

某公司的绩效考核采用百分制，也就是绩效奖金=绩效标准考核分数。规定只有拿到100分的员工才可以获得绩效奖金。在这种规则下，无论员工如何努力，都不可能拿到绩效奖金。这种绩效考核发挥不了任何激励作用，只是变相地惩罚员工，自然无法获得员工的认可，甚至会遭到员工的强烈抵制。

由此可见，为了保证绩效考核效果，企业必须先创建一种全新的绩效考核文化，强化绩效考核的引导作用，奖优罚劣，奖罚透明。

1.3.2　制定完善的绩效考核体系

公司要根据自身的发展战略制定年度经营计划，根据年度经营计划对关键绩效指标与关键工作任务进行分解，将其层层落实下去，保证公司的年度经营计划可以逐级落实到各个岗位。具体来看，岗位绩效考核指标主要包括三大类，一是业绩指标，二是关键工作任务，三是管理目标，具体如表1-14所示。

表1–14　岗位绩效考核指标的三种类型

指标类型	主要内容
业绩指标	业绩指标包括战略目标与管理目标，其中，管理目标是具体的行为，要为战略目标的达成而服务。岗位不同，绩效考核的业绩指标也不同。在管理目标层面，业绩指标主要包括财务指标、质量指标和效率指标。其中，财务指标反映的是投入与产出之间的关系，即各类资源的利用效果；效率指标反映的是运营计划执行结果；质量指标反映的是业务运营结果
关键工作任务	关键工作任务指的是员工为了达到业绩指标需要完成的工作。例如，企业在制定发展战略之前，战略规划专员必须对市场进行全面分析，学习并掌握更多市场分析方法，保证市场分析结果的准确性。为了保证这项工作能够顺利完成，需要对任务进行分解，为每一个环节制定绩效考核指标，并分阶段进行监控
管理目标	企业管理的最终目标无非是提高产品质量或服务质量，提高企业运营效率。因此，企业管理目标也要在这两个维度上进行分解，并落实到不同的业务模块上。仍以采购活动为例，采购质量与效率要评定采购物资的质量成本与采购计划的达成率；生产部门的质量与效率要评定生产活动的一次性合格率以及生产计划的及时完成率

企业绩效考核的重点要放在管理目标的完成方面。如果管理目标没有完成，就要分析其中的原因，根据具体原因制定有针对性的解决方案。

虽然强调弱化绩效考核的处罚作用，但并不代表要忽略绩效考核结果。绩效考核结果非常重要，这一点毋庸置疑。无论这个结果是否能够令人信服，只要能够反映业务开展效果，就可以作为绩效沟通的重要依据。HR可以据此与员工进行沟通交流，对员工的绩效表现进行分析，让员工明确自己的优势和劣势，在企业内部建立起良好的绩效文化。

在很多企业，绩效考核完成后，人力资源管理部门根据绩效考核结果进行奖惩，然后就将相关资料归档保存，绩效考核结果别无他用。想要将绩效考核的作用充分发挥出来，必须改变这种状况，加强上下级之间的沟通与交流，增强整体的凝聚力，实现共同提升。具体来看，绩效结果沟通要围绕两个方面进行，一是绩效表现不佳的原因，二是提高绩效的方案，如表1–15所示。

表1-15 绩效结果沟通的两个方面

沟通方面	具体内容
绩效表现不佳的原因	导致员工绩效考核结果不佳的原因有很多，包括思想认知不到位、技能不足、个人情绪不佳、工作交接没有做好等。在绩效沟通的过程中，管理者要与员工共同探讨导致绩效考核结果不佳的原因，了解员工在工作中遇到的问题，想方设法解决这些问题
提高绩效的方案	绩效管理的一个重要目标就是提高绩效。因此在绩效沟通过程中，管理人员要与员工一起探讨绩效改进方案，可以尝试让绩效考核不合格的员工换岗，或者为其安排培训，帮助员工改进绩效

1.3.3 梳理绩效考核的数据指标

绩效考核的难点主要表现在两个方面，一是绩效考核标准的制定，二是指标数据的采集。归根结底，就是企业的基础管理环节太薄弱。一方面，企业的基础管理不规范，在业务开展过程中没有及时对数据进行统计，并形成记录，所以在绩效考核时就无法获得准确、完整的数据；另一方面，企业缺乏有效的管理工具，管理信息系统不完善，手工统计效率较低，而且经常遗漏一些信息。

为了解决这一问题，企业必须做好数据管理，建立健全数据采集、记录与分析体系，打通数据通道。在这个过程中，企业要从以下三个方面着手做好准备，分别是主数据规范化、表单规范化和记录规范化，如表1-16所示。

表1-16 企业数据治理的三项内容

主要内容	具体措施
主数据规范化	主数据指的是各个业务板块都会用到的基础数据，包括公司的物料数据、产品数据、客户数据、供应商数据、会计科目、设备数据、车间数据、部门数据等。统一这些数据的格式，可以让数据在公司层面实现集成与共享，可以更简单地对数据分析口径进行定义

续表

主要内容	具体措施
表单规范化	表单指的是承载了业务运营信息，可以在业务运营过程中传递的各种单据，包括销售订单、销售报价单、物料需求单、采购订单、采购合同、生产订单、生产工票、生产完工单、入库单、出库单、返修单等。表单规范化有两大含义，一是处理程序规范化，二是表单信息项目规范化，让表单的处理状态更明晰，表单采集信息更全面，尽可能地将业务运作过程全面反映出来，以便在绩效考核过程中获得所需信息
记录规范化	这里的记录指的是业务表单的记录，可以对一段时间内业务的执行情况进行分析，包括采购订单执行记录、销售订单记录、生产完工记录、完工入库记录、销售订单回款记录、销售退货记录、生产检验不良返修记录等。通过规范记录，对记录进行分析，可以了解一段时间内业务执行的情况以及管理目标的达成情况

总而言之，绩效考核并不难，只要端正对绩效考核的认知，做好绩效考核管理，创建一个科学的绩效考核体系即可。也就是说，企业想要做好绩效考核，必须立足于基础管理，将绩效考核的作用充分发挥出来，不能为了考核而考核，必须根据绩效考核结果找到公司在运营过程中出现的问题并解决问题，这样才能推动公司实现更好的发展。

1.3.4 绩效考核结果反馈与改进

在绩效管理中，绩效考核结果反馈能够起到至关重要的作用。进行绩效考核结果反馈的目的是使员工能够了解自己的绩效完成情况以及在评估周期内的工作表现，保证企业管理者与员工对绩效评估的结果达成一致的看法，并在绩效考核结果反馈的基础上制定改进措施和新的目标。

◆绩效考核结果反馈的四项内容

合格的绩效考核结果反馈至少应该包括四项基本内容。

（1）评估工作业绩。

对工作业绩的评估是绩效考核结果反馈中最主要的一项内容。管理者可以通过面谈的方式将员工考核周期的工作业绩进行及时反馈，评估应全面和中肯。在进行工作业绩评估和反馈的过程中，如果员工对反馈结果持有不同的看法，管理者应该听取员工的看法，并解释评估的理由。

通过评估个体的工作业绩，员工能够对自己的绩效完成情况有更加深入的了解，通过分析导致此结果的原因，为改进未来的工作打下基础。

（2）反馈行为表现。

除评估工作业绩外，反馈员工在考核周期内的行为表现也是非常重要的内容。员工与绩效考核相关的行为表现具体包括员工的工作能力、工作态度、人际处理方式等，对员工行为表现的反馈有助于帮助员工更全面地认识自己并有针对性地进行改进。

（3）提出改进措施。

合格的绩效考核结果不仅是反馈问题，还应该在绩效完成情况的基础上分析导致问题的原因，并找出相应的改进措施。只有这样进行绩效反馈，才能有助于员工接受自己存在的问题，使之在之后的工作中更清晰地进行职业规划。

（4）制定新的工作目标。

在绩效面谈的过程中，制定新的工作目标是最后一个环节，也是必不可少的环节。结合个体上一个考核周期的绩效完成情况和工作表现，管理者在与员工一起分析导致绩效完成情况的原因并提出改进意见后，应该制定下一阶段工作的新目标。而管理者与员工通过面谈确定新的工作目标，也有助于员工工作能力的进一步提高。

◆绩效考核结果反馈的六项原则

根据企业的管理实践来看，绩效考核结果反馈应该遵循六项原则。

（1）经常性原则。

有效的绩效考核结果反馈应该是经常性的，也就是说频率不能过低。之所以需要经常进行绩效反馈，主要有两个方面的原因：其一，经常的绩效反馈有助于管理者及时发现员工存在的问题，并给出改进的建议；

其二，经常性的绩效反馈有助于个体认同反馈结果，避免因间隔时间过长而造成事件认知模糊化。

（2）对事不对人原则。

在进行绩效反馈面谈的过程中，管理者必须坚持对事不对人原则，也就是说只反映绩效考核以及相关的工作表现等客观事实，而非对员工个人进行评价。只有做到对事不对人，管理者与员工才能就绩效评估达成一致的认知，而不影响员工工作的积极性。

（3）多问少讲原则。

绩效反馈面谈不应该是管理者对员工单向的信息传送，而应该发挥员工作为考核对象的主体地位，将大部分的时间留给员工。在企业实践中，绩效反馈面谈可以遵循八二原则：即80%的时间留给员工，20%的时间留给管理者。员工可以尽可能地提问，管理者主要进行指导和提出建议。

（4）着眼未来的原则。

绩效反馈的主要内容虽然是对之前考核周期的评估，但并不意味着绩效反馈面谈需要集中于过去。之所以进行绩效考核结果反馈，主要目的是着眼于员工未来的表现，对过往绩效评估和工作表现的反馈也应该用于指导员工今后的工作。

（5）正面引导原则。

在进行绩效反馈面谈时，不管员工的绩效考核是否理想、目标完成情况如何，管理者都应该尽可能地给予正面的反馈和引导。反之，员工的工作积极性可能受挫，无法达到绩效反馈应有的效果。

（6）制度化原则。

对企业而言，绩效考核结果反馈是企业管理中非常重要的部分，因此企业的绩效考核结果反馈也应该建立起一套制度，使其更好地发挥应有的作用。

1.3.5 【表格】员工绩效考核指标方案

员工绩效考核指标方案											
被考评对象		部门		职务						综合得分	
考评人		考评时间	至	填表时间						等级	
考核项目	细分指标	权重（分）	指标具体内容及定义	评分标准					自我评价得分	考核评价得分	综合得分
				A	B	C	D	E			
				100%	80%	60%	40%	20%			
专业知识与技能（20分）	专业知识	10	掌握从事本职岗位的专业知识（基础知识、业务知识、关联知识）	A	B	C	D	E			
	专业技能	10	掌握从事本职岗位的专业技能	A	B	C	D	E			
业务技能（25分）	分析判断与应变能力	4	能对复杂的问题进行正确判断，处理工作事务机敏灵活，在自己职权范围内能迅速而准确地对多种备选行动方案进行评价，并作出最终决定	A	B	C	D	E			
	问题解决能力	4	根据现场的突发事件，能够从多方面进行分析，找出问题的原因，从而解决问题	A	B	C	D	E			
	执行能力	5	对上级的命令、下达的计划、布置的工作能及时贯彻执行，并及时复命	A	B	C	D	E			
	创新能力	4	在处理工作事务时，运用新思维、新方法提高工作效率和效益	A	B	C	D	E			

续表

员工绩效考核指标方案											
被考评对象		部门		职务						综合得分	
考评人		考评时间	至	填表时间						等级	
考核项目	细分指标	权重（分）	指标具体内容及定义	评分标准					自我评价得分	考核评价得分	综合得分
				A	B	C	D	E			
				100%	80%	60%	40%	20%			
业务技能（25分）	表达及沟通能力	4	能清楚、完整地向对方充分说明及表达自己的想法并使其理解，能聆听及尊重对方的意见	A	B	C	D	E			
	协调及人际关系能力	4	作为组织的一员，能够自觉与组织内其他成员保持良好的合作关系，热情协助他人的工作，积极参加公司及部门内部的各种活动，建立良好的同事关系	A	B	C	D	E			
工作绩效（35分）	目标达成度	15	工作目标达成情况	A	B	C	D	E			
	工作量	10	如期完成工作任务量	A	B	C	D	E			
	工作质量	10	工作效率高且完成质量高	A	B	C	D	E			
品质与态度（20分）	道德品质	4	诚实正直、以身作则、克己奉公、乐于助人	A	B	C	D	E			
	忠诚度	2	对企业忠诚的程度及爱护企业的行为	A	B	C	D	E			

续表

员工绩效考核指标方案											
被考评对象		部门		职务						综合得分	
考评人		考评时间	至	填表时间						等级	
考核项目	细分指标	权重（分）	指标具体内容及定义	评分标准					自我评价得分	考核评价得分	综合得分
				A	B	C	D	E			
				100%	80%	60%	40%	20%			
品质与态度（20分）	责任感	2	充分理解自己的责任和义务，不逃避责任，在期限之内完成上级交付的工作，主动地以主人翁的态度去完成工作	A	B	C	D	E			
	进取心	2	学习努力，时刻向上，不断提高和完善自己	A	B	C	D	E			
品质与态度（20分）	纪律性	2	理解和遵守公司的各项规章制度、服从上级的指示和命令，出勤率高	A	B	C	D	E			
	自信心	2	对工作目标以及自己的决定充满信心	A	B	C	D	E			
	工作热情	2	工作积极主动，经常愿意挑战困难性工作	A	B	C	D	E			
	吃苦耐劳	2	在工作中不怕苦、不怕累	A	B	C	D	E			
	合作精神	2	在本部门内和关联部门间与同事相互配合及协作的态度	A	B	C	D	E			
合计											
评语	签名：　　　日期：										

1.4 员工晋升、降级、淘汰管理

1.4.1 员工晋升、降级、淘汰管理的主要原则

员工晋升、降级、淘汰都必须遵循一定的原则，不能随意为之，具体如表1–17所示。

表1–17 员工晋升、降级、淘汰的原则

原则	具体内容
晋升原则	德能和业绩并重。晋升要对员工的个人素质、个人能力、个人在工作中取得的成绩进行综合考虑 逐级晋升与越级晋升相结合。员工晋升一般要逐级进行，只有为公司发展做出突出贡献者才可以越级晋升 纵向晋升与横向晋升相结合。员工可以沿着一条通道慢慢晋升，也可以向着其他方向发展，拓展多条晋升渠道 如果出现空缺职位，要优先在公司内部选拔，公司内部没有合适的人才再考虑外部招聘 公司要定期考核，每半年考核一次，每年为员工提供一次晋升机会。获得晋升资格的员工，必须在上次晋升满一年后或者转正定级一年后再次申请晋级。一般来讲，员工每次晋升不能超过两级
降级原则	严重违反公司纪律，给公司带来严重影响者，需要接受降级处理 工作能力差、领导能力差、没有责任心、无法胜任原岗位、无法带领部门取得更好业绩者，需要接受降级处理 对抗领导、自行其是、缺乏团队精神、给工作的正常开展造成一定阻碍者，需要接受降级处理 蓄意诋毁公司，私自侵占公司利益者，需要接受降级处理
淘汰原则	严重违反公司纪律，造成严重不良影响，并且给公司带来严重经济损失者，可能被公司淘汰 经过培训依然无法胜任现有岗位者，可能被公司淘汰 故意对抗领导，无视公司的规章制度，经过培训仍没有改进者，可能被公司淘汰 蓄意诋毁公司，给公司造成恶劣影响，给公司带来严重的经济损失者，可能被公司淘汰

1.4.2　员工晋升、降级、淘汰管理的核定办法

员工晋升、降级、淘汰都要满足一定的条件才能执行，具体如表1–18所示。

表1–18　员工晋升、降级、淘汰条件

条件	具体内容
晋级条件	在部门内担任低一级职务满一年，或在不同部门担任低一级职务满两年 历次培训的平均分超过80分，并且没有接受过处罚 经考核，符合岗位所需的各种能力
降级条件	在同岗位的考核中，连续两个月排名倒数第一，并且无法完成既定的工作目标 连续两次培训成绩不及格 因为个人过错给公司造成重大的经济损失（损失超过2000元），或者造成重大安全事故者 半年内累计旷工××天者 在上个考评周期受到两次或两次以上通报批评者
淘汰条件	在同岗位考核中，连续三个月排名倒数第一，并且无法完成既定的工作目标 连续三次培训成绩不合格，补考依旧不合格者 因为个人过错给公司造成重大的经济损失（损失超过5000元），或者造成重大安全事故者 半年内旷工累计××天者 在上个考评周期受到三次或三次以上通报批评者

1.4.3　员工晋升、降级、淘汰管理的流程

◆晋升流程

员工晋升要按流程进行，具体如表1–19所示。

表1–19　员工晋升流程

晋升流程	具体内容
确定拟提升职位	人力资源部门根据公司发展战略或人员需求，发布拟新任领导者的职务类别、数量及具体要求
推荐合适人选	晋升人员可以推荐，也可以自荐。如果由员工任职部门推荐，则需要填写《管理职务晋升推荐表》，交给人力资源管理部门；如果是员工自荐，需要填写《员工晋升申请表》，提交部门经理及公司经理审核，然后交给人力资源管理部门

续表

晋升流程	具体内容
资格审查	人力资源管理部门根据职位要求，对推荐人选或自荐人选的任职资格进行审查，符合要求者直接推送给用人部门，由用人部门根据拟任职岗位要求进行考察，并填写《员工晋升综合素质与能力考核表》
确定人选	人力资源部门对考核结果进行总结，经会议讨论后决定最终人选，由最高核定人（一般是公司总经理）签发任命通知

◆降级流程

员工降级要按流程进行，具体如表1–20所示。

表1–20　员工降级流程

序号	具体内容
1	各部门负责人对本部门员工的工作情况进行考核评定，如果认为某岗位人员需要降级，可以向人力资源部门提交申请
2	人力资源部收到降级申请之后，与当事人所在部门沟通，获得同意后向总经理提交人员变更申请
3	总经理对人员变更申请进行审核，将最终结果交给人力资源部门，由人力资源部门通知当事人所在部门对当事人做出降级处理
4	部门收到降职通知后，引导当事人做好工作交接，并将后续处理情况通知人力资源部门。人力资源部门接到通知后，对人事档案进行调整

◆淘汰流程

人力资源部门根据考核结果将考核人员分为留岗观察、调岗分流、降薪、停职培训四种类型。如果被考核人再次考核结果仍达不到上述四项要求，只能被淘汰，如表1–21所示。

表1–21　员工淘汰流程

淘汰流程	具体标准
留岗观察	初次考核不合格的员工可以留岗观察
调岗分流	连续两次考核不合格被确定为准淘汰人员的员工，可以进行调岗分流
降薪	对调岗分流后仍考核不合格的员工进行降薪处罚

续表

淘汰流程	具体标准
停职培训	连续两次被确定为准淘汰人员的员工，可以根据具体情况及个人意愿对其进行停职培训。停职培训期间只领取基本工资，培训结束后安排考试，考试合格后才能重新上岗。如果停职培训后考核依然不合格，或者年度考评得分最低，两次年度考核均被确定为准淘汰人员的，可以进行辞退

1.4.4 【范本】员工奖惩管理制度实施细则

一、总则

（1）目的：明确公司纪律、奖励先进、处罚落后，激发员工工作的积极性，提高员工的工作效率，为企业带来更多经济效益；明确奖罚的依据、标准与程序，秉持公开、公正、公平的原则，规范员工行为，鼓励员工积极向上，取得更好的工作成绩。

（2）适用范围：公司全体员工。

（3）原则：以精神鼓励和思想教育为主，经济奖惩为辅。

二、奖惩的原则

（1）奖惩原则包括奖惩有据，奖惩及时，奖惩公开，有功必奖、有过必惩四大原则，具体情况如下。

- 奖惩有据原则：奖惩要根据公司的管理制度、员工的岗位职责与工作目标进行，不能盲目。
- 奖惩及时原则：员工对公司做出贡献及时奖励，员工做出错误行为及时惩罚，从而将奖惩机制的作用更好地发挥出来。
- 奖惩公开原则：奖惩必须公平、公正，奖惩结果必须公开，以免员工产生不良情绪。
- 有功必奖、有过必惩：在公司奖惩制度面前人人平等，这一原则可以维护奖惩制度的权威性，防止产生员工特权。

（2）只有在员工的表现远超公司要求时才能对其进行奖励，如果只是达到要求或者稍微超出要求，只能视为完成基本工作，不能进行奖励。

（3）如果员工没有达到公司的基本要求，就要秉持从轻不从重的原则给予员工一定的惩罚，以达到警示目的。

（4）如果员工做出违纪行为或者重大过失行为，要填写《过失单》。公司要向员工发放处罚和惩戒通知单，由员工签字确认。如果员工认为惩罚不公平、不合理，可以向领导申诉。

（5）如果管理人员没有及时对员工进行奖惩或奖惩不当，人力资源部在核实情况之后要对管理人员做出一定的处罚，在与当事人沟通后双方签字确认，下发《（责任）过失单》。如果当事人对处罚有异议，可以向总经理办公室申诉，由总经理办公室对处罚事项进行核实，并给出最终意见。

三、惩戒的目的、方式和类型

（1）惩戒的目的在于让员工达到公司要求，完成公司安排的工作任务，维护员工与公司的共同利益。

（2）按照公司的规章制度、岗位职责、工作目标、工作计划对员工在某个阶段内的工作表现进行考核，按照情节轻重对达不到标准的员工进行处罚。

- 检查员工是否违反公司的规章制度以及工作纪律，如有违反且构成违纪过失的要填写《违纪过失单》。

- 检查员工工作目标以及工作计划的完成情况，如果因个人工作任务没有完成给公司带来损失的，要填写《责任过失单》。

（3）惩戒可以采用两种方式完成，一是行政处分，包括警告、记过、记大过、开除；二是经济处罚，即罚款。上述两种惩罚方式可以单独实施，也可以合并实施。

- 轻微违纪：视情况严重程度给予×××元的经济处罚，如果给公司造成经济损失，要承担赔偿责任。
- 警告处分：警告通报全公司，给予×××元经济处罚，如果给公司造成经济损失，要承担赔偿责任。
- 记过：通报全公司，同时给予×××元经济处罚，如果给公司造成经济损失，要承担赔偿责任。
- 记大过：通报全公司，同时给予×××元经济处罚，如果给公司造成经济损失，要承担赔偿责任。
- 严重违纪：予以开除，并且不支付经济补偿金，同时通报全公司。如果给公司带来严重损失，或者情节特别严重的要移交司法机关处理。

四、奖惩结果的应用

（1）根据奖惩结果对员工进行考核，这将对员工的职业生涯造成直接影响。因为在同等条件下，公司会优先提拔重用受过奖励的员工。

（2）如果管理人员被记大过，会受到降职或者撤职的处罚，给未来发展造成不良影响。

五、奖惩过程的其他注意事项

（1）与本职工作有关的奖励，由员工的直接上级领导负责提出；与本职工作无关的奖励，由见证人提出，并填写《奖励单》。之后，综合事务部负责核实奖励内容，参照《员工奖惩流程》实施奖励。

（2）如果员工损坏或丢失公司财物，由综合事务部对事件进行调查，确定责任人，根据具体情况进行处理。

（3）员工犯错被处罚，要根据其直属领导责任的大小给予连带惩罚。

六、奖励的投诉和惩罚的申诉

（1）员工可以在奖励通告发布一周内向综合事务部进行投诉。如果发现获奖的当事人弄虚作假，综合事务部要撤回奖励，并根据情节严重程度给予当事人一定的惩罚。

（2）综合事务部要对投诉的员工保密，如果员工提供的信息准确，可以根据信息的重要程度予以一定的奖励；如果员工故意提供虚假信息，要按照诽谤进行处理，给予一定的惩罚。

（3）在发布惩罚通告之前，综合事务部要和当事人确认，请当事人签字。如果当事人对惩罚有异议，可以向综合事务部申诉，由综合事务部派人核实。如果当事人对核实结果仍有异议，可以向总经理办公室提出申诉，由总经理办公室给出最终意见。

（4）综合事务部要将奖惩文件归档保存，作为员工考核依据。

1.5 员工离职管理

1.5.1 建立员工离职防范机制

员工离职指的是员工主动辞职的情况。如果企业不能对员工离职进行妥善处理，可能导致用人成本增加、经济效益下滑、员工凝聚力下降，甚至有可能给企业的正常运营造成不良影响，导致企业的竞争力下降。为了防止类似情况发生，企业要做好员工的离职管理，构建科学的离职管理机制。

为了将员工离职给企业造成的损失降至最低，最好的办法就是建立离职防范机制。员工离职的原因有很多，例如不适应企业文化、职业倦怠、与领导或同事发生摩擦、工作压力太大、企业薪酬较低、缺少晋升机制等。为了防范核心员工流失，企业必须找到导致员工离职的根本原因，然后采取有针对性的措施予以解决。具体来看，企业必须做好以下四点：

◆制定科学的人事政策

企业政策会对员工行为产生直接影响。企业想要留住优秀员工，必须未雨绸缪，通过政策的完善为优秀员工创造一个良好的工作环境与成长环境，建立健全人才选拔、任用与激励体系，让优秀员工充分发挥自己的才能，并享受到应有的回报。

实践证明，我国企业制定人事政策要处理好以下五种关系，如表1–22所示。

表1–22 企业制定人事政策要处理的五种关系

五种人事关系	具体内容
“空降兵”与“地勤兵”的关系	“空降兵”指的是外聘人才，“地勤兵”指的是内部培养人才。企业要坚持“内部培养为主，外部引进为辅”的原则，为员工制定科学的职业发展规划，畅通职业发展道路，并完善人才培养机制，处理好外聘人才与内部培养人才的薪酬待遇、工作空间等问题
薪酬与发展空间之间的关系	不能用涨薪代替职位晋升，也不能用职位晋升代替涨薪，要明确员工的核心诉求，有针对性地采取处置策略
信任与制约之间的关系	既要赋予员工一定的权力，保证员工在工作过程中享有足够的自主权，又要采取一定的制约策略，以免员工过度自由损害企业利益
使用与培养之间的关系	企业既要为员工制定明确的工作目标，让员工充分发挥自己的才能，又要定期组织培训，为员工“充电”，让员工吸收先进知识，不断提升自身能力
重点人才与一般人才之间的关系	既要让重点人才、核心员工获得满意的回报，保持队伍的稳定性，以降低人才的流失率，但又不能过度偏心，让一般人才产生失落感与不公平感，影响整体员工队伍的稳定性

◆建立多层次沟通渠道

在公司经营过程中，因为沟通不畅导致员工离职的情况并不罕见。员工在工作中遇到问题、发现问题无法及时与高层领导沟通，久而久之就会产生不满，最终选择离职。并且在离职之后，员工有可能公开发泄对企业领导的不满，给企业形象造成不良影响。为了防止这种情况发生，降低优秀员工的离职率，企业要积极构建多层次沟通渠道，增进管理层与员工之间的交流互动，让员工感受到企业的关心、尊重与理解，从而增强对企业的黏性。

◆建立人才离职预警机制

一些企业由于缺乏有效的人才预警机制，会对员工的突然离职感到猝不及防。人才预警机制指的是人才流失危机预测预警方式，包括记录员工考勤、结合绩效考核对员工的工作态度进行观察、对员工的工作业绩进行综合评定、定期离岗换岗、培养接班人等。总而言之，人才预警机制就是在优秀员工流失之前，管理者从员工的行为举止中发现员工的离职倾向，并对员工离职做好准备。

一般来说，只要管理者细心观察，就能从员工的行为中发现一些蛛丝马迹，例如员工工作的积极性突然下降、频繁请假等。一旦员工出现这类情况，管理者就要提高警惕，对员工的反常行为进行深入调查。如果发现员工确实有离职倾向，要根据具体情况及时采取措施，或谈话挽留，或提前招聘，以免员工突然离职后陷入被动。

◆注重人文关怀

每个人都需要关爱，在家庭中需要家人的关爱，在职场上需要同事的关怀。一家成功的企业必然是一个充满爱的企业，必然会给予员工极大的关怀与尊重，从而提高员工的凝聚力与向心力，留住优秀员工。

1.5.2 员工离职危机的应对策略

随着社会经济的不断发展，人才市场变得越发开放，企业员工流动越来越频繁。在这种情况下，企业要做的不是对个别离职员工进行管理，而是要充分认识到员工离职给企业带来的危机，建立一套员工离职危机处理机制，将优秀员工、核心员工离职给企业带来的损失降至最低。具体来看，企业离职危机处理机制主要包括三方面内容。

◆危机预防

企业想要做好离职危机管理，必须增强企业管理者的人才安全意识，然后制定危机管理计划。一旦发现可能出现员工离职危机，企业管理者要按照事先拟定的方案快速做出反应。最后要建立员工离职危机预警管理系统，对企业人才的安全状况进行分析，发现危机后及时发出预警，并采取有效措施进行调控。

◆危机处理

面对员工离职危机，企业可以采取以下处理方法：

（1）危机沟通管理。在危机处理方面，危机沟通是一项重要策略，其实施效果直接影响着危机的管控效果。

（2）空缺职位的填补。危机管理小组发现员工离职危机后要立即启动人才储备，迅速寻找合适的人才准备接替离职员工的工作，保证企业的各项工作能够正常开展，不会因为某一位员工的离职陷入停滞。另外，企业可以采取轮岗制度，让员工熟悉公司的各个岗位，打破部门之间与岗位之间的隔阂，让员工掌握多项技能，以便随时补位。此外，对于企业内的关键岗位，企业要有意识地培养后备力量，在预防员工离职危机的同时，也为员工提供更多发展机会。通过这些措施，可以在很大程度上降低核心员工离职对企业的影响。

（3）危机损失的控制。员工离职会给企业造成多方面的影响，尤其是员工离职带走企业资源，包括核心技术、客户资源、业务网络、管理经验等，会给企业造成巨大损失。为了防止这些资源流失，将员工离职对企业的影响降至最低，企业可以采取以下策略：

- 企业要积极培育学习型组织，组织员工培训，鼓励员工之间相互学习，促使企业文化、管理经验等成为企业固定的无形资产，不会因为个别员工的离开而流失；
- 企业要学会利用法律手段保护自己的合法权益，例如与核心员工签署竞业禁止协议或其他保密协议，防止核心员工离职时带走企业的核心资源；
- 企业要建立专门的信息数据库，对客户资源、供应商网络、业务计划、生产技术流程及其他重要信息进行备份，以免这些资源随员工离职而外流。

做好上述工作，企业可以牢牢掌控核心资源，避免人才流失造成资源流失，将人才流失对企业的影响降至最低。

（4）危机时适当裁员。当企业觉察到危机时，可以适当裁员，以减少成本支出。

◆危机事后管理

员工离职危机处理的最后一个环节就是从危机中获利，即对危机进行审视，发现其中的有利因素并加以利用，具体来说就是要做到两点：第一，对整个危机过程进行审视，对组织结构与人力资源管理活动进行诊断；第二，对离职员工，尤其是核心员工进行跟踪管理。

1.5.3 员工离职挽留与处理措施

◆离职挽留机制

员工提出离职申请后，企业一般要进行挽留。一般来说，企业挽留员工的方式主要有三种，具体如表1–23所示。

表1-23 企业挽留员工的三种方法

挽留方法	具体内容
冷静期制度	有离职意向的员工必须提前一段时间提交离职申请，一来给员工留出一段时间冷静思考，以免做出冲动离职行为，二来为企业挽留员工留出一定的时间，如果员工不可挽留，也可以给企业留出一定的反应时间，从而招聘新员工替补
离职挽留谈话	员工提出离职申请之后，公司要安排管理人员与之沟通，了解员工离职的原因。如果是公司内部的问题，要设法解决，让员工回心转意，改变离职决定
借用外力	公司可以向提出离职申请的员工关系密切的人寻求帮助，请对方帮忙对员工进行挽留

◆离职处理机制

离职处理机制一般包括三大内容，分别是离职手续、离职谈话与离职送别。如果员工去意已决，挽留无效，公司要为其办理离职手续，不要人为地设置障碍。在办理离职手续时，管理者可以与员工面谈。面谈内容要根据离职员工的离职原因、所在岗位等来确定，但至少要包括三大内容，具体如表1-24所示。

表1-24 离职面谈的三项基本内容

序号	面谈内容
1	对离职员工在任职期间为公司所做出的贡献予以肯定，并向员工表示感谢
2	征求离职员工对企业的意见与建议。在这种情况下，离职员工一般会给出最中肯的意见
3	对离职员工提出一定的要求，例如做好工作交接、离职后不能泄露公司机密等。如果离职员工曾为公司发展做出重大贡献，公司可以为其举办一个欢送仪式，以表示感谢

总而言之，为了降低员工离职给企业造成的不良影响，企业要建立一套科学的管理机制，树立良好的用人理念，诚恳挽留，如果没有效果就要做好员工离职后的应对工作，做好人才储备，为企业发展提供强有力的人才保障。

1.5.4 【范本】员工离职管理实施办法

一、目的

为规范公司员工的离职管理，维护公司和离职员工双方的合法权益制定本规定。

二、适用范围

本规定适用于公司全体员工的离职管理。

三、离职类别与定义

1. 辞职：是指在任职期间内，由员工提出解除劳动合同的行为。

（1）员工提前30日以书面形式通知公司，可以解除劳动合同。

（2）员工在试用期内提前3日以书面形式通知公司，可以解除劳动合同。

2. 辞退：是指在任职期间内，员工工作不合格或工作表现、学识、技能等不符合公司要求，或因劳动合同无法继续履行等，公司决定解除与员工劳动合同的行为。

（1）员工在任职期间有下列情形之一的，公司可以即时解除劳动合同：

- 在试用期间被证明不符合录用条件的；
- 严重违反公司规章制度的；
- 严重失职、营私舞弊，给公司造成重大损害的；
- 同时与其他用人单位建立劳动关系，对完成公司的工作任务造成严重影响，或者经公司提出，拒不改正的；
- 提供虚假信息或实施其他欺诈行为，致使公司错误决定录用的；
- 被依法追究刑事责任的。

（2）员工在任职期间有下列情形之一的，公司提前30日以书面形式通知员工本人，可以解除劳动合同：

- 员工患病或非因工负伤，经治疗后不能从事原工作，也不能从事公司另行安排的工作的；
- 员工不能胜任工作，经过培训或调整工作岗位，仍不能胜任工作的；
- 劳动合同订立时所依据的客观情况发生重大变化，致使劳动合同无法履行，经协商未能就变更劳动合同内容达成协议的。

3. 自离：是指在合同期内，员工未经公司批准而擅自离开工作岗位的行为。有下列情况之一者，公司将按员工自动离职处理，并暂时冻结其工资直至办完离职交接手续。

（1）月累计旷工超过3天（含）或年累计旷工超过7天（含）者。

（2）未按正规手续申请离职而自行离开工作岗位者。

（3）已申请离职但未办妥离职交接手续而自行离开公司者。

4. 劳动合同终止：有下列情形之一的，劳动合同终止。

（1）劳动合同期满的。

- 公司提出不再续签劳动合同：是指合同期满，公司根据情况不再与员工续签劳动合同，并提前30天通知员工的行为；
- 员工提出不再续签劳动合同：是指合同期满，员工不愿与公司续签劳动合同，并提前30天通知公司的行为。

（2）员工达到法定退休年龄或开始享受基本养老保险待遇的。

（3）法律、行政法规规定的其他情形。

四、离职的程序

1. 解除或终止劳动合同，劳动合同当事人都应按照公司的规章制度和劳动合同的规定或约定处理相关事宜。

2. 员工辞职程序

（1）员工辞职应按规定填写《辞职申请表》。未按规定填写《辞职申请表》的，不视为正式的、有效的书面通知行为；

（2）员工填写的《辞职申请表》应向本部门负责人提交，本部门负责人收到申请表后，应进行离职面谈，了解离职原因，并签署意见；

（3）《辞职申请表》经本部门负责人、综合管理部、分管副总经理及总经理逐级审批通过后，由综合管理部通知辞职员工离开公司的确切日期以及办理工作、财物交接等事宜；

（4）在确定交接事宜完毕后，综合管理部为辞职员工开具《解除/终止劳动合同证明》。

3. 公司辞退程序

（1）员工符合上述“辞退”规定的情形，部门负责人有提请综合管理部解除该员工劳动合同的建议权，并填写《解除劳动合同情况说明》呈报综合管理部、分管副总经理、公司总经理逐级核准；

（2）综合管理部将《解除劳动合同通知书》送达被解除劳动合同的员工；

（3）被解除劳动合同的员工办理好工作、财物交接后，综合管理部为辞退员工开具《解除/终止劳动合同证明》。

4. 自离程序

（1）用人部门应在员工擅自缺勤的第一天向综合管理部报备员工异常情况并在员工自离的当天将自离人员的名单报综合管理部核准；

（2）公司将《解除劳动合同通知书》送达被解除劳动合同的员工，对于拒绝签收或者联系不上的员工，公司将通过挂号邮递或其他形式予以通知。对公司造成损失的，公司将追究当事人责任。

5. 劳动合同终止程序

（1）公司不同意与员工续签劳动合同的，给员工发放《终止劳动合同通知书》，对于拒绝签收或者联系不上的员工，公司将通过挂号邮递或其他形式予以通知；

（2）员工不同意续签的，应予下发《续订劳动合同通知书》，在3天内以书面形式回复综合管理部；

（3）被终止劳动合同员工办理好工作、财物交接后，综合管理部为员工开具《解除/终止劳动合同证明》。

五、离职谈话

1. 员工离职时，该部门负责人或直属上级需与离职员工进行谈话，谈话完成下列内容：

（1）了解辞职的原因与动机；

（2）审核文件、资料的所有权；

（3）审查其了解公司秘密的程度；

（4）审查其负责工作的进度和了解其担任的角色；

（5）回答员工可能有的问题；

（6）征求对公司的意见及建议。

2. 员工离职时，综合管理部应与离职员工进行谈话，谈话完成下列内容：

（1）了解辞职原因与动机；

（2）审查其劳动合同及薪资福利状况；

（3）了解员工入职以来的工作业绩；

（4）解答员工可能有的问题；

（5）征求对公司的意见及建议。

六、离职交接

1. 在综合管理部通知办理工作、财物交接之日，离职员工应按《离职交接清单》所列项目，逐项办妥公司财物、文件、资料、办公用品等的交接工作。

2. 原工作中保管办理的项目、账册以及公司的各项文件和客户资料等，须于离职前移交至直属上级指定的人员或相关部门。

3. 相关接收人须在对应项目栏签字确认，接收人在工作事务交接时，须认真审查，不当之处须及时更正。如离职人员正式离职后，发现财物、文件资料亏欠未清的，由接收人与该部门负责人负责追回。

4. 离职员工对《离职交接清单》中离职交接内容签名确认后，报综合管理部存档。

七、离职结算

1. 结算项目：工资、经济补偿金、违约金、赔偿金、未报销费用等。

2. 结算费用由财务部于员工离职当月实际薪资发放日统一结算。

八、社会保险和公积金

1. 公司在员工办理完离职交接手续后，方可对员工的社保和公积金关系进行转移。

2. 员工未按照公司规定办理离职手续致使公司不能为其办理相关手续的，由此而产生的责任由员工负责。

九、相关事项规定

1. 辞职员工在提交《辞职申请表》后的3日（试用期）或者30日（正式合同期）内，应当继续履行劳动合同约定的岗位责任并遵守公司的规章制度，若有违反将按公司相关制度给予惩戒。

2. 离职人员在离职后被发现由于原工作失误而造成了后续经济损失，相关负责人向综合管理部出具书面证明后，可以在离职后从其个人收入中扣除，并及时电话通知该离职员工。

3. 管理人员擅自、随意解除或者终止员工劳动合同造成不利后果的，公司将根据情节轻重给予不同程度的惩戒。

4. 凡自离人员，公司将永不录用。

十、离职分析

1. 综合管理部应将离职员工人事档案与在职员工人事档案分离。自离职生效之日起，离职员工人事档案保存时间不得少于2年。

2. 综合管理部每月应做一次离职员工分析报告，主要从离职员工结构、离职原因等方面进行分析，并提出改进措施，使员工流失率控制在合理的范围。

十一、附则

1. 公司在遵守有关劳动法律、法规的基础上制定并执行本规定，如本规定与相关法律、法规不一致，按法律、法规执行。

2. 本规定的最终解释权归属公司综合管理部。

3. 以往规定与本规定不符的，以本规定为准。

4. 本规定自2021年×月×日起执行。

1.5.5 【图例】员工离职管理流程图

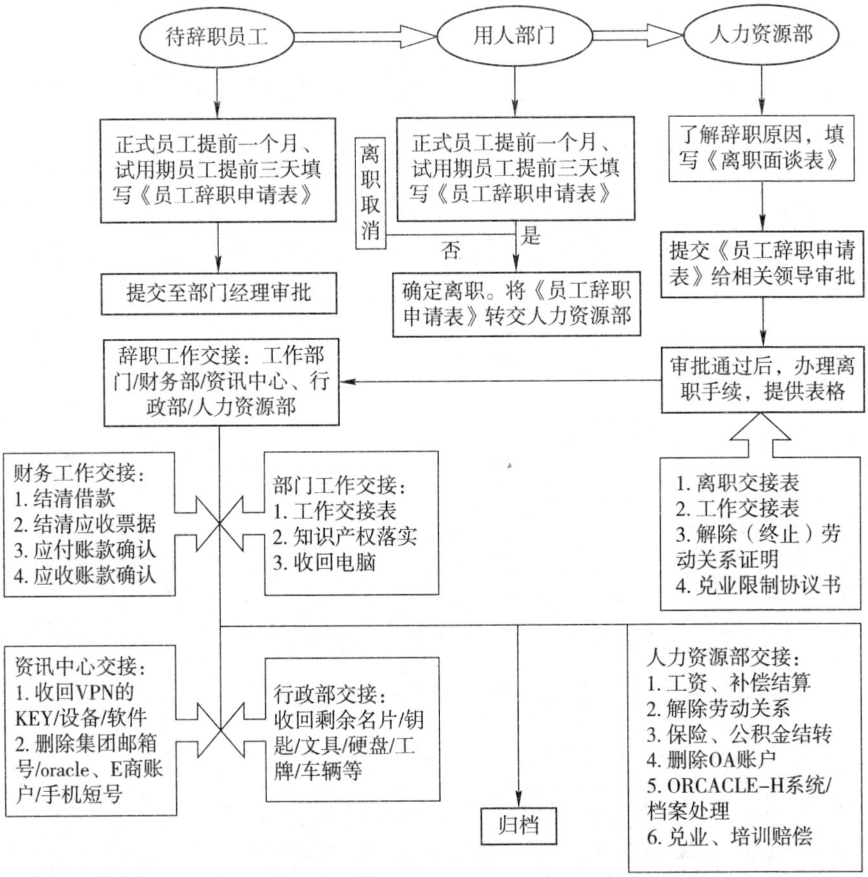

CHAPTER 2 应急管理

2.1 企业应急管理

2.1.1 企业应急管理的主要内容

企业应急管理，不仅是企业管理工作的重要组成部分，也是城市应急管理工作不可忽视的关键内容。就涉及的具体内容来看，企业应急管理的对象主要包括三部分：一是与企业生产经营相关的各种安全生产事故；二是可能会对企业成员或财产造成损失的外部突发公共事件；三是由企业造成的对社会带来损害的各类突发公共事件。而企业的应急管理工作，也就是对于这些事件的针对性预防、处置和恢复重建等。

有效的企业应急管理，一方面有助于提高企业的安全生产意识和应急处置能力、减少可能造成的人员或财产的损失；另一方面也体现了企业对于自身发展的相关要求和所应承担的社会责任。

从应急管理的对象可以看出，这些事件的发生均具有比较强的突发性和偶然性。但对企业的应急管理工作而言，不应该只包括事件发生后针对性的应急救援行动。有效的应急管理应该贯穿于事件发生的全过程，秉承“预防为主，常备不懈”的管理思想，在事件发生之前、发生过程中以及事件发生后都应该发挥应有的作用。

从应急管理贯穿事件发生的全过程的角度来看，企业的应急管理包括四项内容，对应企业应急管理的四个阶段：事故预防、应急准备、应急响应、应急恢复。在具体的实践过程中，这四个阶段的工作并不是相互割裂的，而是具有一定的交叉性和关联性，后一个阶段的内容需要以前一个阶段的管理情况为基础，共同构成企业应急管理的循环过程。

◆事故预防

在企业应急管理工作中，事故预防是以更低的成本和更高的效率来进行安全管理，对企业免受或少受突发事故的影响具有不容忽视的作用。该阶段的工作内容具体包括两个层面，如表2-1所示。

表2-1　事故预防的两大工作内容

预防措施	具体内容
重大突发事故的一般性预防工作	企业中的应急管理人员通过相关安全技术的应用以及安全管理举措，尽可能地确保企业生产运营过程的安全，预防突发事故的发生
在假定安全事故可能发生的前提下，采取具有针对性的预防措施	在企业生产运营的过程中，理论上会存在各种对企业造成安全威胁的事件，因此，企业可以从避免事件发生的角度出发采取措施，从安全角度慎重对待工厂的选址，危险物品的保存和处置严格按照相关操作规范、定期开展员工安全教育等

◆应急准备

在企业应急管理中，应急准备就是基于可能发生的事故，为迅速而高效地开展应急行动而进行的准备工作。因此，应急准备是极为关键的过程，在一定程度上决定了企业应急管理的效果。

应急准备阶段的具体内容一般包括：应急预案的编制、对应急团队的组建以及具体的责任分配、应急物资的储备和维护、与外部应急力量的衔接、应急过程的针对性演习等。这一阶段的工作目的是提升企业在重大突发事故中的应急能力。

◆应急响应

应急响应阶段，也是企业应急管理的主要阶段，即事故发生后企业所采取的应急救援行动阶段。

应急响应阶段的具体内容一般包括：对事故详细信息的收集、对涉及人员的紧急疏散和救援、采取消防和工程抢险措施等。该阶段的主要目的是尽可能地保护企业的人员和财产不受损害、尽量减弱事故可能带来的影响。

根据事故发生的严重程度以及企业的应急能力，应急响应又可以分为初级响应和扩大应急两个阶段。初级响应阶段，即企业依赖于自身所具有的应急处理能力，使事故得到有效控制的阶段；在某些情况下，事故的规模和性质可能会超出企业的应急能力，此时就需要借助于企业外的应急救援力量，以尽可能在较短的时间内控制事故。

◆应急恢复

在突发事故发生以后，企业的应急恢复工作就应该立即展开，使企业能够尽可能在较短的时间内回到正轨。

从具体的管理内容来看，应急恢复工作分为两大部分：第一，事故发生之后的事故评估、原因调查等工作，该部分的工作是为了使事故波及范围恢复到相对安全的基本状态，避免出现新的紧急情况；第二，事故发生后的长期恢复工作，具体包括企业的重建等，该部分的管理过程中应该特别注意吸取事故带来的经验教训，避免安全突发事故的再次发生。

2.1.2 企业应急管理的类型划分

对企业应急管理进行研究，需要结合一般应急管理的基本内容和企业的具体性质。此外，也可以从以下三个层面对企业的应急管理进行分类。

◆按照企业突发事件引发的原因进行分类

引起企业突发事件的原因可以分为两大类：一是企业内部经营管理所引发的突发事件；二是企业外部的突发公共事件。因此，企业的应急管理也可以分为两种类型。

（1）由企业经营管理引发的企业突发事件的应急管理

为了更加清晰合理地界定、分析和应对企业突发事件，又可以将由企业经营管理引发的企业突发事件的应急管理分为企业战略类突发事件的应急管理和业务类突发事件的应急管理。

（2）由公共事件引发的企业突发事件的应急管理

可能引发企业应急管理需要的公共突发事件，一般包括自然灾害事件、事故灾难事件、公共卫生事件和社会安全事件等。涉及不同公共突发事件的应急管理既具有一定的统一性和关联性，也具有其独立性和特殊性，因此企业的应急管理工作需要以此分类为基础和依据。

◆按照企业突发事件活动的地点和范围进行分类

根据企业突发应急事件涉及的地点和范围，可以划分为企业内部的突发应急事件和企业外部的突发应急事件。

（1）企业内部突发事件的应急管理

企业内部突发事件的应急管理是企业应急管理的主要内容，也是极其重要的组成部分。企业作为经营主体，无论从提高自身利益方面，还是从维护社会利益方面来看，都应该尽可能地确保企业的生产和经营的安全和顺畅。而企业内部突发事件的应急管理的对象，既应该包括企业生产经营活动需要面对的突发事件，也应该包括与企业经营活动的特殊性相关的紧急事件。

企业在进行应急管理工作的过程中，需要尽可能调动能够调动的力量。首先，企业自身应该具有一定的应急能力，如果企业通过自身的力量及时处理突发事件，将突发事件的影响限制在企业内部，那么此类应急事件应归属为企业内部应急；其次，在企业自身应急能力不足的情况下，需要考虑社会救援等企业外部力量，如果此类应急事件对社会造成了不良的影响，那么其性质也就上升为政府应急、社会应急。

（2）企业外部突发事件的应急管理

在某些情况下，对企业产生影响的突发事件发生在企业外部，也就是说，是由社会中的其他企业或组织造成的突发事件，而需要企业出动救援力量进行应急。在具体的应急管理中，此种情况下的应急还可以分为主动应急救援和应招应急救援两种不同的类型。

◆按照企业应急活动的动因进行分类

（1）企业应对自身突发事件的应急

企业应对自身突发事件的应急工作，是企业应急管理的主要组成部分。当企业自身发生突发事件时，最为快速、有效的应对方式，即建立在企业自身应急管理能力基础上的应对机制。而要提高应对自身突发事件的应急能力，企业需要警惕两种错误的思维：一是盲目的安全感和侥幸心理，即认为突发事件不会发生而未建立有效的应对机制；二是缺乏自主性，存在依赖心理，即认为突发事件发生后可以依靠政府或社会，而不进行有效的准备和防范。

（2）企业接受政府指令或求救信息的对外应急

企业作为社会中的经营主体，需要承担一定的社会责任。在企业的应急管理工作中，企业除了需要应对自身的突发事件外，还可能接受政府指令或求救信息的对外应急，基于自身的特点和能力，给予人力、物力或技术等方面的救助。

（3）企业通过市场交易的对外应急

除接受政府指令或求救信息的对外应急外，企业也可能通过市场交易进行对外应急。由于自身能力的限制等方面的原因，政府或有关的企业和单位有时会将部分应急救援服务进行外包，而企业可以基于自身所拥有的专业、设备或技术等方面的优势选择承包。当发包方具有相关的应急需求时，依据事先签订的合同等，企业可以提供约定的应急服务，并获得相应的报酬。与无偿救援或政府支援的方式不同，企业通过市场交易进行的应急虽然也属于企业外部应急，但其前提是市场交换规律，而此种应急服务对于我国企业应急管理的发展具有重要的价值和深远的意义。

2.1.3 企业应急管理的步骤

企业应急管理在具体的实施过程中往往会涉及多个方面，如应急管理活动的一般步骤、应急管理内外部功能的发挥以及应急管理活动中多种关系的处理等。对这些方面进行相应的研究，有助于保证企业应急管理实施的有效性和高效性。

◆企业应急管理活动的一般步骤分析

企业应急管理活动需要遵循两个基本的原则，如表2–2所示。

表2–2 企业应急管理活动的两大原则

基本原则	主要内容
以“四步应急”为规范，推进应急实施及其水平的提升	根据《中华人民共和国突发事件应对法》的相关规范，企业的应急管理活动应该遵循基本的程序，即预防与应急准备、检测与预警、处置与救援、事后恢复与重建。“四步应急”的顺畅实施和水平的提升，既需要企业在平时做好基础性、预防性工作，完善企业的应急机制，也需要企业在应急事件发生时，积极主动出击。这两方面的工作会综合提升企业的应急管理水平，将企业可能遭受的损害降至最低

续表

基本原则	主要内容
从区域、类型、级别维度来具体落实“四步应急”	企业面对的应急突发事件，必定具有一定的落脚点，比如归属于不同的区域、专业门类或技术类型，并具有不同的危害程度，企业应急管理活动的步骤也需要具体到这些落脚点实施。因此，企业应急管理水平的提升，既需要熟练驾驭“四步应急”，也需要明确不同区域、类型、级别等维度的处置要领，从全局对突发事件进行把握，才能够确保应急管理活动的顺利实施

◆企业应急管理的内外功能发挥

基于“四步应急”以及具体的落脚点，企业应急管理的功能得以发挥。根据对象的不同，企业的应急管理功能有内外之分，并在具体的实施过程中得到丰富和具体化。

（1）企业应急管理内部功能

一是保障企业正常生产和经营活动的功能，即基础性、常态性功能。企业在内部生产经营运行过程中，需要建立相应的预案体系及应急资源的完整配备系统，并且通过日常的演练、考核等方式对应急资源进行调整、对应急体系进行优化，确保不断提升企业应急管理水平。

二是企业在面临偶发性的、巨大的突发事件时，确保企业平稳度过非常状态的功能，即非基础性、非常态性功能。企业的生产经营过程中，往往会面临采用新兴技术、扩大生产经营规模、进行管理体制改革等一系列至关重要的问题，而这些措施都有可能给企业的发展带来比较大的风险，使企业面临突如其来的事件。因此，企业必须防患于未然，尽可能地做好突发事件爆发的准备。而这种非基础性、非常态性的应急管理功能，也在一定程度上体现了企业所具有的能力。

（2）企业应急管理的外部功能

企业应急管理的外部功能可以体现在两方面：

其一，企业针对内部突发事件进行应急管理所产生的对社会的正向影响。当企业在生产经营过程中发生突发事件时，如果能够进行有效的应急管理，就能够尽早降低负面影响，阻断生产经营事故的社会传导。

其二，企业因为社会突发事件进行应急管理所产生的对社会的正向影响。当因为自然灾害、事故灾难、公共卫生、社会安全等四类事件爆发公共突发事件，或其他企业面临突发事件时，企业基于自身的产品、业务、设备、技术等资源进行救援，从而保障了公共安全和社会稳定。基于这类应急管理涉及的范围等方面的原因，可将其纳入政府或社会应急组织，并制定相应的协议或约定，在有需要之时进行统一调动，提高应急管理的效率。

2.1.4 企业应急管理的关系处理

企业的应急管理活动中往往会涉及多种关系，比如：企业常态管理和非常态管理的关系，企业应急与政府应急、社会应急的关系，企业应急管理与企业战略管理等的关系，这些关系的处理，对于企业的运营以及社会的平稳具有极为重要的意义。

（1）企业常态管理和非常态管理的关系

由于突发事件的存在，企业的状态可以分为常态和非常态，而且这两种状态并非一成不变，而是处于循环变换之中。具体到企业的运营过程，可以包括几条基本的路径，比如：企业常态运行的过程对应防备，监测过程对应警报应急响应，处置过程对应恢复，重建过程对应企业常态运行。而企业之所以进行应急管理的主要目的有两点：其一，尽可能避免突发事件的发生；其二，在突发事件发生后尽快得到妥善处置，以保证企业尽早回归正常运行轨道。

（2）企业应急与政府应急、社会应急的关系

从企业应急的维度来看，企业应该尽可能提高其应急能力，在保障

企业正常运行的同时，提高其应急的正外部性；从社会系统中应急机制的综合性来看，企业、政府以及其他的社会机构都应该在提升应急技术、完善应急体系的基础上，尽可能实现互联互通，达到信息资源、物资、设备等的共享，提高应急效率。

（3）企业应急管理与企业战略管理等的关系

企业应急管理不仅是企业战略管理的一部分，对于企业的战略管理也具有极为重要的价值，具体可分三个层面来看：在最低层级，应急管理能够保障企业的正常运行；在中间层级，应急管理可以整合与企业发展相关的资源，提升企业的经营能力；在最高层级，应急管理能够帮助企业开拓新的市场和领域，提升企业的核心竞争力。

2.1.5 【范本】企业应急管理制度细则

一、目的及适用范围

1. 为预防和控制我公司潜在的事故或紧急情况发生，做出应急预警和响应，最大限度地减少可能产生的事故后果，特制定本制度。

2. 本制度适用于我公司各单位应急救援预案的制定和可能及已发生的安全生产事件的预防和处理。

二、应急管理原则

实行主要领导负责下的分级管理制：在公司安委会的统一领导下，建立健全“统一领导，分级管理，分线负责”的应急救援制度。

1. 健全应急救援组织体系，建立应急救援队伍，制定完善应急预案，开展应急救援演练。公司领导和管理人员各司其职、各负其责，充分发挥应急响应的指挥作用。

2. 以人为本，安全第一：把保障员工的生命安全和身体健康、最大限度地减少事故造成的人员伤亡和财产损失作为首要任务。切实加强应急救援人员的安全防护。

3. 预防为主，强化基础，快速反应：坚持预防与应急相结合、常态与非常态相结合，常抓不懈，在不断提高安全风险辨识、防范水平的同时，加强现场应急基础工作，做好常态下的风险评估、物资储备、队伍建设、完善装备、预案制定和演练等工作。

4. 科学实用：应急预案具有针对性、实用性和可操作性。通过危险源辨识、风险评估进行编制，应急对策简练实用，通过演练不断完善改进。依法规范，加强管理。

三、分级响应

1. 领导机构及职责

公司成立“应急救援领导小组（指挥部）”。由总经理担任组长（总指挥）；安全总监担任副组长（副总指挥）；安全管理部、技术中心、生产运行部、财务部等部门负责人为成员，负责全公司应急救援工作的组织和指挥，其职责如下：

总指挥：负责组织相应救援预案的启动、实施及其演练，根据总结、评估的结果及时修改，不断完善更新预案，根据事故情况需要，调动各种应急救援力量和物资，及时掌握事故现场的形势。副总指挥：负责协助总指挥做好各级应急救援预案制定和启动以及事故应急救援工作。做好成员之间的联络、协调、配合工作，遇突发事故时总指挥不在单位的，由副总指挥全面指挥应急救援工作。

2. 办事机构

公司安全生产事故应急救援领导小组（指挥部）办公室履行值守应急、信息汇总和综合协调职责，发挥运转枢纽作用。

3. 工作机构

公司安全管理部依据相关程序文件、管理制度和各自的职责权限负责相关类别突发事故的应急管理工作。具体负责相关类别的突发事故专项和各类应急预案的起草与实施，贯彻落实公司有关决定事项。

四、运行机制

1. 预测与预警

各部门要针对各种可能发生的突发事故，完善预测预警机制，建立预测预警系统，根据危险辨识、环境因素识别风险评价工作，做到及时发现、及时报告、妥善处理。每个应急人员必须在岗位能熟练使用两个以上预警电话或其他报警方式。

2. 预警级别和发布

根据危险辨识、环境因素识别风险评价预测分析结果，对可能发生和可以预警的潜在突发事故进行预警。预警级别：根据已经发生的突发事故可能造成的危害程度、紧急程度和发展态势，一般划分为三级：公司级（重大——可能产生特别严重后果）、部门级（较大——可能产生严重后果）、班组级（一般——可能产生较严重后果）。预警信息包括突发事故的类别、地点、起始时间、可能影响范围、预警级别、警示实行应采取的措施和发布级别等。预警信息的发布、调整和解除：经有关领导批准，可通过信息发布、打电话等方式进行。

五、应急处置

1. 信息报告：重大突发事故发生后，各事发源第一目击者必须立即报告有关部门，同时报告公司领导及安全管理部。

2. 先期处置：突发事故发生后，事发源的现场人员与增援的应急人员在报告重大突发事故信息的同时，要根据职责和规定的权限启动相关应急预案，及时、有效地进行先期处置，控制事态的蔓延。

3. 应急响应

对于先期处置未能有效控制事态的重大突发事故，要及时启动相关预案，由相关应急指挥机构或工作组统一指挥或指导有关部门展开应急处置工作。

现场应急指挥机构负责现场的应急处置工作，并根据需要具体协调、调集相应的安全防护装备。现场应急救援人员应携带相应的专业防护装备，采取安全防护措施，严格执行应急救援人员进入和离开事故现场的相关规定。

六、事故救援

1. 明确分工，各尽其责。各成员接到指令及时赶赴现场后，立即成立现场勘查组、现场抢救组、维护秩序组、医疗救治组、后勤保障组、善后工作组和事故调查组。并按照指挥部的安排和各自的职责明确分工、相互协调、密切配合、高速高效、紧张有序地开展救援工作。

2. 组织抢救和现场勘查同时进行。由于突发事故的特殊性，必须在抢救人员的同时进行勘查，协助警务部门从事事故勘查的工作人员要认真仔细，及时在现场收集各类痕迹、物证，勘查结束后应当组织清理事故现场，清点、登记并按规定处理现场遗留物品。

3. 突发事故应急救援是关系到人民生命和财产安全的重大工作。指挥成员接到报案后必须迅速赶赴现场，参加救援工作，对延误时机，造成严重后果将从严追究相关人员的责任。

七、应急结束

重大突发事故应急处置工作结束，或相关危险因素消除后，现场应急指挥机构予以撤销，宣布恢复正常工作。

八、恢复与重建

1. 善后处置：要积极稳妥、深入细致地做好善后处置工作。对突发事故中的伤亡人员、应急处置工作人员，以及紧急调集的有关物资，要按照规定给予补充。还要做好疫病防治和环境污染消除工作。

2. 调查与评估：对重大突发事故的起因、影响、责任、经验教训和恢复重建等问题按照“四不放过”原则进行调查评估和处理。

3. 恢复重建：根据事故制定恢复重建计划、组织实施恢复重建工作。

九、信息的报告与发布

1. 突发事故的信息发布应当及时、准确、客观、全面。重大事故发生后应及时向上级主管部门和当地政府报告，并根据事件处置情况做好后续报告工作。也应当向员工发布简要信息和应对防范措施等。

2. 信息的报告发布形式主要包括授权报告或发布、组织报道、接受采访等。

十、应急保障

有关部门要按照职责分工和相关预案做好突发事故的应对工作，同时根据总体预案切实做好应对突发事故的人力、物力、财力、运输、医疗卫生及通信保障等工作，保证应急救援工作的需要，以及恢复重建工作的顺利进行。

1. 人力资源：公司安全管理部、生产运行部是应急救援的专（兼）职队伍和骨干力量。要加强应急救援队伍的业务培训和应急演练，建立联动协调机制，提高装备水平，动员全员有组织地参与应急救援工作。

2. 财力保障：财务管理部要保证突发事故应急准备和救援所需资金。对受突发事故影响较大的单位和个人要及时研究提出相应补偿或救助政策。

3. 物资保障：办公室要建立健全应急车辆和应急物资储备、调拨及紧急配送体系，完善应急工作程序，确保应急车辆及所需物资和生活用品的及时供应，并加强对物资储备的监督管理，及时予以补充和更新。

4. 医疗卫生保障：办公室要及时联系医疗机构，确保医院能在发生事故后及时赶赴现场开展医疗救治、疾病预防控制等医疗卫生应急工作。

5. 交通运输保障：要保证紧急情况下应急交通工作的优先安排、优先调度，确保运输安全畅通。要建立紧急情况交通运输工具的调用程序，确保抢险救灾物资和人员能及时、安全送达。

6. 人员防护：要指定或建立与人员数量相适应的应急避险场所，完善紧急疏散管理办法，明确各级责任人，确保在紧急情况下员工的人身安全，并可以做到有序疏散。要采取必要的防护措施，严格按照程序开展应急救援工作，确保作业人员和应急救援人员的安全。

2.2 应急预案体系

2.2.1 企业应急预案体系的创新

在企业日常生产运行的过程中，安全问题非常严峻。为了提高风险防范能力与突发事件的应对能力，企业必须提前编制应急预案。为了规范企业的应急预案，遏制重大事故发生，国家相关部门出台了很多政策与文件。但是，目前我国大部分企业的应急预案体系建设还不完善，根本无法发挥防范风险、在风险发生后快速做出处置的作用。在这种情况下，企业想要强化应急预案的编制与管理，必须对应急预案体系与模式进行创新。

◆企业应急预案建设现状

目前，在国家相关部门的要求下，我国大部分生产企业都编制了应急管理预案，但大部分预案并不完善，没有达到国家要求与行业规定，问题主要表现在以下几个方面。

（1）企业应急预案编制存在严重的照搬照抄现象，脱离了企业的实际情况，操作性不强。

（2）企业现有的应急预案不完善，各项条款与内容相互交叉，各级预案无法有效衔接，无法形成一个系统完善的应急预案体系。

（3）企业没有针对重点岗位建立现场应急处置程序，相关措施不明确。

◆企业应急救援的目标

企业应急救援的目标是通过有效的应急救援行动，尽量减轻事故后果，包括减少人员伤亡、降低财产损失、减轻对环境的破坏等，具体措施如表2–3所示。

表2–3 企业应急救援措施

救援措施	具体内容
立即组织救援	事故发生后，立即组织营救受害人员，对于事故发生地的其他人员要立即组织撤离或采取有效措施进行保护
控制事态发展	采取有效措施控制事态发展，对事故可能造成的危害进行预测，对事故影响范围、危害性质、危害程度进行评测
消除危害后果，做好现场恢复	对事故发生现场进行封闭、隔离、监测，防止危害继续蔓延，采取措施稳定事故现场的状态，尽快清除废墟，恢复基础设施
查清事故原因，评估危害程度	事故发生后要及时调查事故发生原因，明确事故性质，对事故的危害范围与危害程序进行有效评估，在最短的时间内查明人员伤亡情况，对事故发生原因进行全面调查，在救援结束后要及时总结经验教训

◆建立企业应急预案体系

面对可能发生的多种类型的灾害，为保证各种灾害预案相互协调，企业要采取科学的方法将应急预案划分为不同的层次，建立一个多层次、系统协调的应急预案体系。具体来看，从功能与目标着手，企业应急预案可以分为三个层次，分别是综合预案、专项预案和现场处置方案，如表2–4所示。

表2-4　企业应急预案的三个层次

预案层次	具体内容
综合预案	综合预案的主要内容包括应急方针、应急政策、应急组织结构及相应的职责、应急行动的总体思路等。同时，作为应急救援工作的基础，综合预案可以对一些突发事件的处置与救援产生指导作用
专项预案	专项预案是在综合预案的基础上，对各种特定的危险、应急形式、组织机构、应急活动等进行综合考虑，具有极强的针对性。专项应急预案要制定明确的救援程序与具体的救援措施，以便在特定事故发生时能够迅速发挥作用
现场处置方案	现场处置方案是在专项预案的基础上根据具体情况编制的，针对具体的场所、岗位制定的应急处置措施。现场处置方案是在对某一场所可能发生的特殊危险及周边情况进行分析的基础上，对应急救援措施做出具体、细致的安排，具有极强的针对性与指导性

2.2.2　企业应急预案的主要内容

应急预案具有极强的针对性，而且对象明确，就是某一类或多类重大事故。因此，在制定应急预案之前，必须先对潜在的事故类型进行系统评价，明确潜在的事故类型、性质、区域、分布及可能引发的后果，同时对危险分析结果、应急救援力量以及可用的资源情况进行综合考虑，最终提出建设性意见与方案。

企业可以根据自身的职能部门设置与职能分配编制应急预案，让应急预案更符合实际情况。具体来看，企业应急预案要涵盖以下六项基本内容，如表2-5所示。

表2-5　企业应急预案的六项基本内容

基本内容	具体内容
应急预案概况	主要描述生产经营单位的大致情况以及可能面临的危险，并对紧急情况下的应急事件、适用范围、方针原则等情况进行概述，做出具体说明
事故预防	对潜在事故、次生事故以及衍生事故进行分析，并制定极具针对性的预防与控制措施

续表

基本内容	具体内容
准备程序	对应急行动开始前需要做的准备工作进行描述，主要包括明确应急部门的权力与责任，创建应急队伍并进行培训，准备好应急物资，对应急预案进行演习，面向部门成员开展应急知识培训、签订互助协议等
应急程序	对应急救援过程中一些核心任务的开展与实施步骤进行描述，这些任务主要包括接警与通知、指挥与控制、警报和紧急公告、通信、事态监测与评估、警戒与治安、人群疏散与安置、医疗与卫生、公共关系、应急人员安全、抢险与救援、危险物质控制等
现场恢复	明确应急结束的宣布流程、救援人员撤离与交接的程序、事故现场恢复到正常状态的流程，以及进行现场清理、对事故现场进行连续检测、对事故发生原因进行调查、对事故引发的后果进行评价的流程与方法等
预案管理与评审改进	在应急演习的过程中，在应急救援结束后对应急预案进行评审，发现问题及时更正，促使应急预案体系不断完善

需要注意的是，事故预防要涵盖以下三大内容，如表2-6所示。

表2-6 事故预防的三大内容

三大方面	具体内容
危险分析	明确应急对策、事故性质、事故影响范围以及事故引发的后果，为应急准备、应急响应以及减灾措施的制定提供科学指导。具体来看，危险分析主要涵盖三大内容，分别是危险识别、脆弱性分析和风险分析
资源分析	明确可能发生的危险后，下一步就是明确应急救援需要的物资与资源，将企业现有的可以用于救援的物资进行罗列，具体包括企业现有的救援物资种类及分布情况、重要的应急设备与物资的储备情况、周边可用的应急资源等，通过资源分析为应急资源规划与配置提供指导
法律法规	企业在编制预案之前要做好调研工作，对国家和地方政府的应急预案、应急响应等方面的法律法规进行深入研究，为预案编制提供科学依据

2.2.3 企业应急预案体系的创新

（1）应急预案体系化

企业要创建应急预案体系，该体系要涵盖综合应急预案、专项应急预案、现场处置方案，各级预案规范统一，能够实现有效衔接，专项应急预案与现场处置方案可以与综合应急预案有机融合，整个预案体系与结构相互协调。

（2）现场处置方案可视化

现场处置方案可视化指的是通过漫画与动漫等载体，将现场应急处置流程与处置措施展现出来，让应急预案表达的信息更清晰、更明确，具体方法如下：

- 将企业重点岗位、重点设备、重点场所的应急预案改编成漫画或海报，张贴在企业的宣传栏上，对员工进行宣传教育。
- 采用动画的方式对现场处置方案的应急处置流程和处置措施进行模拟，并做成Flash文件，通过电子显示屏播放出来。

以可视化的方式将应急预案展现出来，在企业内部进行宣传，提高全体员工的应急意识，在企业内部建立应急文化。

（3）预案编制全员化

应急预案编制是一项系统化工程，不仅需要企业安全生产管理部门参与，还需要各部门、各重点岗位的员工参与配合，需要各岗位员工根据自己的实际工作经验提出中肯的意见与建议，此外还需要安全中介服务机构的支持，需要这些机构凭借丰富的经验为其提供指导，保证应急预案编制更科学、规范、完善。

企业创新应急预案体系要面向预案体系建设过程中存在的一系列问题，通过创新提高应急预案的实用性、有效性与系统性，同时也能对其他企业应急预案体系建设提供有益指导。

2.2.4 现场指挥系统的组织结构

事故发生后，事故发生现场的情况往往比较复杂，而且会涌入大量应急救援力量与资源，想要将这些力量与资源的作用充分发挥出来，必须做好应急救援行动的组织、指挥与管理工作。一般来讲，企业在应急救援的过程中经常存在以下问题，如表2–7所示。

表2–7 企业应急救援中存在的问题

序号	问题
1	救援现场发生的所有问题都要向指挥官汇报，很多问题无法及时得到反馈
2	应急响应的组织结构各不相同，机构之间缺乏有效的协调机制，无法相互协作
3	事故相关信息不完善，缺乏有效的决策机制，导致应急救援的目标不清晰
4	沟通不畅
5	应急救援人员不清楚救援目标，对自己在救援现场的任务不明确

要想解决上述问题，企业要提前建立并完善现场应急指挥系统，率先统一指挥结构，以便救援人员到现场之后可以快速明确自己的职责，相互配合，提高救援效率，保证救援效果。目前，比较流行的企业应急救援现场指挥系统主要由五部分组成，分别是指挥、行动、策划、后勤及资金/行政，如图2–1所示。

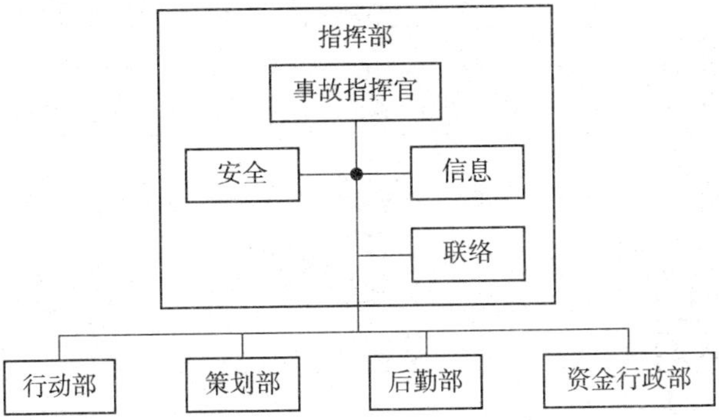

图2–1 企业应急救援现场指挥系统

2.2.5 【图例】企业应急响应预案流程图

公司应急预案体系如下。

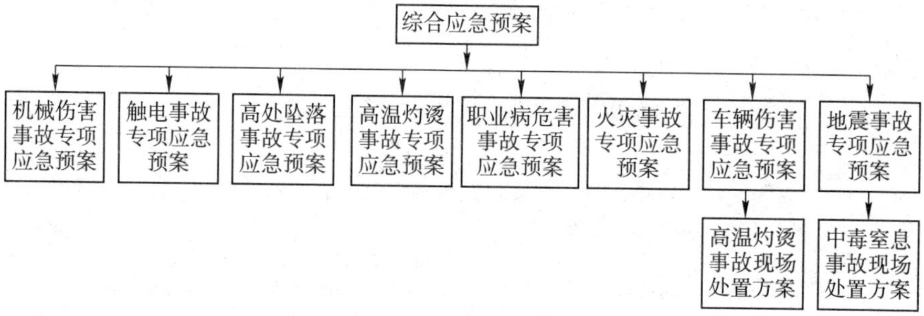

公司应急响应流程图如下。

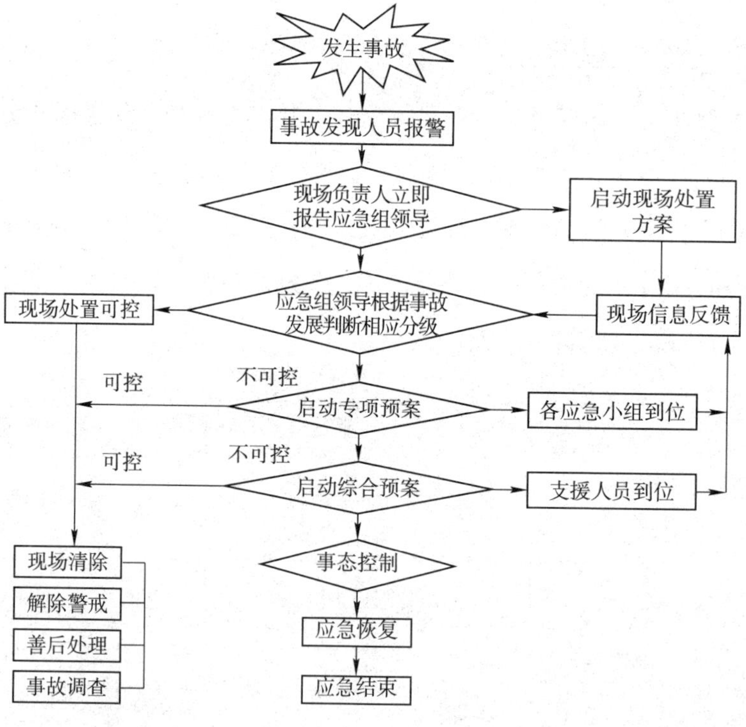

2.3 突发事件应急管理

2.3.1 企业安全管理的五大要点

企业要进行有效、高效的安全管理，需要进行安全自查。但是在具体实践中，很多企业不清楚安全自查的方向和范围，尚未形成完善的安全检查体系。企业进行安全检查和安全管理需要注意以下五点：

◆重视计划性

安全检查和安全管理是企业维持生产经营活动的重要组成部分，因此应该列入企业的日常管理工作，并重视计划性。企业应该基于自身的特点，制定全年安全工作的任务和目标，并由此建立全年的安全检查计划，有计划、有目的地逐步开展安全检查，这也是企业进行有效的安全管理工作的基础。

◆提高实效性

制定了企业的安全检查计划后，企业的相关负责人员应该基于计划进行安排，并针对每次安全检查工作的时间、人员、内容、手段等进行综合考量。对于企业安全检查过程中发现的问题，要尽快给出具有针对性的改进措施，提高企业安全管理的实效性。

◆追求科学性

为了提高安全管理的效率，企业的安全检查工作也应该尽可能追求科学性，不能大而化之。对于设备、个体的行为、规章的执行情况等被检查对象，都应该尽可能实现指标的量化，检查之前制定内容详细的检查表，检查结果和内容也应该准确填写。此外，企业的安全检查工作应该尽可能利用气体检测仪、验电笔、电压测量仪器等精确化的检查仪器，用数据说明情况。

◆突出全面性

企业的安全检查应该突出全面性，具体包括以下几点，如表2-8所示。

表2-8 企业安全检查的全面性

安全检查的三大内容	具体要求
涉及的部门要全面	企业的安全检查覆盖面要宽，所检查的部门不仅要包括下级部门，也应该包括同级部门或科室
检查的内容要全面	依据企业建立的安全制度以及年度计划，其所涵盖的内容都应该列入安全检查的范围，除各项安全生产规章制度以及领导安全生产责任制的落实情况外，员工的安全培训等也不容忽视，应从思想、制度、技术、设备等各个层面进行全方位的检查
检查人员要全面	企业中与安全管理相关的人员，如技术、设备、消防等部门的人员都应该积极参与安全检查工作，并进行明确分工，真正实现群防群治

◆实现灵活性

企业进行安全检查不能拘泥于形式，在遵守相关制度的基础上尽可能实现灵活性。比如，通过部门之间的交叉检查，进行互相学习，实现共同提高；也可以进行突击检查，了解企业安全管理的真实情况，并进行有的放矢的改善；还可以通过专项检查，进行阶段性的重点治理，解决影响企业运营的重要安全问题。

2.3.2 企业生产安全管理的措施

关于企业安全生产管理的理论认为，企业进行安全生产管理的本质是对于企业生产运营相关的危险与有害因素进行相应的预知、预测、限制、评价、消除和控制，这六个方面是企业安全生产管理的基础，缺一不可。

企业安全生产管理，是围绕企业安全生产而进行的计划、决策、控制与协调等活动，通过各种积极应对手段来保障企业的安全生产和运营。

根据企业安全生产管理方面的经验来看，企业生产安全管理的措施应该主要包括以下几点：

◆安全检查及隐患整改

在企业生产运营过程中，应该按照相应的规划进行有效的安全检查。而企业进行安全检查的主要目的在于能够及时发现企业生产运营过程中的企业管理、员工行为、操作规范、运行设备、生产环境等各个方面的潜在隐患。通过及时发现可能导致安全事故的隐患，采取有针对性的消除措施，最大程度上避免各种安全事故的发生。

◆安全资金投入及有效实施

企业要进行安全生产管理，需要以一定的安全资金投入及有效实施为基础。为了预防安全事故的发生，企业需要达到相应的安全生产条件，而这一条件的构建离不开安全生产管理方面的投入。此外，在进行安全资金投入后，还应该尽可能保证其有效实施。

◆反事故措施制定与落实

在企业应急管理工作中，应该始终坚持“预防为主”的理念。有效的预防措施能够以更高的性价比和效率帮助企业进行应急管理。因此，进行反事故措施制定与落实，是企业安全管理至关重要的一项内容。反事故措施的制定与落实，能够尽最大可能将安全事故消灭于萌芽状态，对企业安全生产管理有积极影响。

◆制定现场规章制度

从安全角度来看，企业的生产经营应该遵守企业管理者所制定的现场规章制度。所谓现场规章制度，是企业就生产设备的运行以及检修等所制定的规则、程序等，是企业进行安全生产的行为准则。此外，企业所制定的现场规章制度除需要符合企业生产运营的实际情况外，还应该不定期进行修订，确保与生产现场的情况相吻合。

◆设立安全监督管理机构

企业要进行安全生产管理，就需要进行相应的人员配备。而安全监督管理机构，就是企业内部所设立的专门负责安全生产监督管理的机构。

就具体的职责来看，安全监督管理机构应该负责落实国家有关安全生产的各项法律法规，并积极在企业内部组织安全检查活动，不定期进行安全检查，消除企业内部的安全隐患等，安全监督管理机构职能的落实，是企业进行安全生产管理的重要保证。

◆进行安全培训教育

企业要进行安全生产管理，首先应该提升企业内部人员的安全生产意识。在《企业安全培训规定》中，就需要做出明确说明，要求企业主要负责人、企业安全生产管理人员都要满足相应的培训内容、学时及培训资格要求。

对企业内部人员进行安全培训教育，不仅是企业进行生产经营所需要具备的条件，也是其所应承担的法定责任。有效的安全培训教育能够使得从业人员安全、熟练地操作生产经营工具，并遵守国家一级企业制定的各项安全生产规章制度，为企业的安全生产打下坚实的基础。

◆事故应急救援预案编制及演练

当发生突发安全事故时，为了能够使企业内部成员有序地进行事故处理、尽快控制事态发展并尽最大可能减少事故带来的损失，企业需要事先进行事故应急救援预案编制及演练。完善的事故应急救援预案编制及演练，可以提高企业的应急反应效率和处理应急事故的能力；如果在事故发生时，企业内部人员未按规定制定预案或未进行足够的演练，必然会带来难以预料的事故后果。

◆设置安全警示标志

由于企业的性质以及业务内容等的不同，企业内部可能存在的安全隐患也具有较大的差别。为了提醒企业内部从业人员进行安全生产，避免安全事故的发生，企业内部具有危险因素的生产运营场所或相关的设备、设施上，都应该设置醒目的安全警示标志，通过直观的方式提醒企业内部人员注意安全。

此外，对于安全警示标志的设置，国家也在相应的法律法规中进行了严格的规定。企业在具体的实践过程中，需要严格遵守这些规定，真正重视安全生产管理。

◆重大危险源管理

在企业的生产运营过程中，可能存在一些重大危险源。而企业进行安全生产管理，必不可少的就是进行重大危险源的管理。通过定期的评估，分析重大危险源风险的大小以及有无变化规律，并采取可行的应对措施。而且，按照国家的相关规定，企业应该对符合国家重大危险源监管范围的设备、设施、场所进行登记建档、备案、申报，并进行有效的监控管理，防止安全事故的发生。

2.3.3 企业消防安全管理的措施

在企业应急管理或生产安全管理领域，消防安全管理是极为重要的一部分，需要引起足够的重视。这一方面是因为企业生产运营过程中容易隐藏消防安全隐患，稍有不慎就可能发生火灾；另一方面则是因为火灾事故可能给企业造成的威胁或损失是十分巨大的，而且应对处理也具有比较高的难度。

因此，企业在发展的过程中，必须认识到消防安全管理的重要性，认真履行相关消防法律法规规定的消防安全职责，制定消防安全管理措施并确保落实到位，为企业的生产运营活动营造一个良好的消防安全环境。具体来看，企业的消防安全管理措施需要着重注意以下几个方面：

◆加强消防安全知识教育

企业的所有人员都应该在思想上重视消防安全，把消防安全管理置于企业安全生产管理的首位，加强企业内部的消防安全知识教育。

关于消防安全知识教育，其着力点应该在于：其一，通过教育使企业所有员工认识到消防安全是企业安全工作的首要任务，提高员工对于火灾危害性的认识和防火重要性的认识；其二，通过教育使企业所有员工能够防患于未然，对消防安全时刻保持清醒的头脑，并以此来规范自己在企业中的行为。

◆落实消防安全责任到具体人员

具体到企业的消防安全管理工作，需要根据企业自身情况制定严格的消防安全规章制度，并落实消防安全责任到具体人员，具体措施如表2-9所示。

表2-9 消防安全责任落实到人的三大措施

措施	具体内容
火灾隐患排查责任落实到人	企业中应该配备专门、专业的人员进行火灾隐患排查，且火灾隐患一经发现立即处理
建立火灾预防机制，并落实到人	为了尽可能发现和消除火灾隐患，企业可以建立相应的举报和整改的机制，并执行严格的奖惩制度，尤其对于未履行个人职责而带来火灾隐患或导致火灾的个体，应该依法依纪追究责任
防火重点检查责任落实到人	由于生产范围等不同，企业中可能存在防火重点区域，比如易燃易爆危险品存放的仓库等，企业应该将这些区域的检查责任落实到具体的人员，并配齐消防器材，落实防火措施

◆加强对消防设备和器材的管理

消防设备和器材的充足配备和有效使用是预防火灾以及降低火灾危害的重要措施之一。因此，企业应该按照国家消防技术规范的规定，加强对消防设备和器材的管理，具体措施如表2-10所示。

表2–10 消防设备和器材管理措施

序号	管理措施
1	对于未按照相关的规定配备消防设备和器材的企业，应该及时进行完善
2	对于已经完成配备的企业，应该注意定期维护，比如对设有自动报警系统的企业，应该按照相关的时间规定进行探测器的清洗和必要的检查，并按照签订的维修保养合同进行定期的维修保养，确保企业内的消防设备和器材的有效使用
3	在企业平时的巡查过程中，相关人员应该注意保持高度警惕，发现隐患后及时采取措施

◆加强企业消防人才的培训

企业的消防安全管理，需要依赖于企业的消防人才。而人才素质的高低则直接影响了企业消防安全管理的效果。因此，需要加强企业消防人才的培训，具体措施如表2–11所示。

表2–11 加强企业消防人才培训的三大措施

序号	具体措施
1	企业应该设立专门的消防人员培养经费，在具备条件的前提下，安排企业内部的消防人才到专业的培训机构进行培训
2	创新企业消防人员聘任制度，为了保持企业消防队伍的相对稳定性，可以对企业消防人员实施消防管理机构的备案制度，对消防人员聘用、解聘时需要经过当地消防管理部门批准
3	灵活引用企业消防人才，企业可以聘用部分退伍消防战士，成为企业消防管理的骨干力量，从而提升企业的消防安全管理水平

2.3.4 企业危险化学品安全管理

化学品事故会殃及许多人，包括操作人员、附近的工人、现场的其他人员和大量的公众。任何处理、使用、储存、运输及销毁化学品的作业场所，无论规模大小，其生产控制及安全系统，对安全操作都有极为重要的作用。对于安全要求方面的规划，要广泛地考虑到各方面的基本原则，并将其落实到对作业场所的具体要求上来。

◆化学品安全的规划

化学品安全的规划建立在控制所有类别风险的原则之上，包括风险评价的原则及其阶段控制，形成了控制措施的基础。

（1）危害识别

这里所说的危害，是相对“化学品安全”而言的。有些化学品或者物质造成危害的程度可以从供货商、生产商、档案、过去的知识或者其他方面所获得的信息来确定。有些物质，其容器上贴有标签。还有些物质，如化学反应产物，并非供货商供应，也没有装在容器中，对其危险性的识别要从参考材料中查出并加以明确。

（2）风险评估

化学品或者物质所具有的风险不仅有赖于它的理化特性，而且与其使用方式、地点以及错误使用、错误加工相关。在具体的场所、具体的风险分析中，上面的因素起着基本的作用。

（3）风险控制

控制风险的方法可以有多种途径：完全消除有害物质；用危害性小的物质作为其代用品；机械或遥控操作、全封闭、排气、使用特殊的技术，如湿式作业；使用个体防护设备等。这些控制技术也可以联合使用，但是应根据其有效性及为人们所接受的程度进行排列分析。减少暴露在危险环境下的人员数量及时间也是降低风险的办法。

（4）作业人员的培训

作业人员需要培训的内容有：识别所面对的危险品的性质、辨别风险的程度、消除危险的方法步骤、剩余风险的有效控制。需要特别指出的是，培训的目的是使操作人员按照科学的方法去处理问题。课堂教学中，关于化学品的教材应当能使所有人看懂、理解。因而，教材应当是公开出版的、可以购买到的、通俗易懂的。对于少数民族遇到的语言困难，在必要时，要通过提供翻译的方式来解决。

（5）记录保存

作业安全系统主要包括运行及应急作业时的详细程序；作业审批制度；安装、使用及维护时的防护装置。

（6）记录保存

保存记录有助于帮助工厂按预定的时间进行正常的维修工作，同时也便于了解其间有怎样的变动发生。根据国家和地方的法规，开展对有关操作人员的体检。

◆化学品安全风险控制

在降低化学品暴露在环境中的风险时，应考虑六个方面问题，如表2-12所示。

表2-12 化学品安全风险控制六大策略

策略	具体内容
工厂设计	化学品的加工，可以用封闭式的加工方式。也就是说，引进工厂加工过程的安全设计，使用自动化、计算机控制系统等方法来加以控制。在没有经过特别的审查及批准时，工厂应进行改造
作业安全系统	作业安全系统应包括关于运行及应急作业时使用的详细的说明书，允许工作系统（特别是对维修工作）安装、使用及维护时的防护装置
运输	在箱载化学品运输时，要考虑尽量减少它们对作业人员或其他人员暴露的可能性。在运输时要有适当的安全措施
储存	化学品不应因装卸或储存而受到影响。化学品露天存放具有消散快、火源小、减少容器受损风险等特点，是可以考虑的选择之一。存储设备应考虑基础牢固、耐用、相互间隔适当，机械操作时运行方便，阀门、开关容易接近，堆放安全，消防设施及警示标志符合规程及标准的要求
废料处理	制定符合法律要求的措施对废弃物进行正确处理，防止对公众及环境造成危害
应急步骤	对于生产及储存厂区及整体区域都要制定应急计划，说明相应的救援行动方案。在正常情况下，应给应急培训留出足够的时间

2.3.5 【范本】企业公共卫生安全管理制度

一、目的

1. 公司公共卫生安全工作是构建和谐企业的重要组成部分，公司各级领导、各有关职能部门要高度重视和加强公共卫生安全管理工作，建立完善各项规章制度，认真落实国家公共卫生安全的各项管理规定。

2. 公司公共卫生安全工作坚持“预防为主、以人为本、服务员工健康”的原则，动员公司全体员工积极参与，为公司健康、稳定、可持续发展提供有力保障。

3. 为进一步加强公司公共卫生安全管理，保障广大员工的身心健康，结合公司实际，特制定本制度。

二、适用范围

适用于公司各单位。

三、引用文件

1.《中华人民共和国食品卫生法》

2.《中华人民共和国传染病防治法》

3.《突发公共卫生事件应急条例》

四、公共卫生工作主要任务

公司公共卫生安全工作的任务是：监测员工健康状况；对传染病防控、员工常见病的预防、监测和治疗；对广大员工进行健康教育，培养员工良好的卫生习惯与生活方式；改善公司卫生环境和工作卫生条件；监督公司饮食卫生状况，保障食品与饮用水的卫生安全；监督员工宿舍的卫生状况；对公司公共场所卫生状况和影响员工健康的有害因素等进行监督。

五、公共卫生安全管理工作体系

1. 成立公共卫生安全工作领导小组

组长：主管副总经理

副组长：工会主席、综合办主任

成员：各车间、职能部门等单位的主要负责人

办公室设在综合办，负责公司日常公共卫生安全管理工作。

2. 公共卫生安全工作领导小组职责

（1）公司公共卫生安全工作领导小组负责公司食品卫生安全、传染病防控、突发公共卫生安全事件应急处理、健康教育、公司环境及公共场所卫生等工作的指导、督查和考核，建立公共卫生安全工作组织，制定履行本单位的公共卫生安全管理制度。

（2）根据“谁主管，谁负责”的原则，建立各车间、各部门、各岗位的公共卫生安全责任制，实行项目管理，把公共卫生安全工作与本部门的日常管理工作实行同计划、同布置、同检查、同总结、同评比。

（3）定期组织公共卫生安全检查，消除卫生安全隐患，改善公司卫生环境条件，确保员工身心健康；开展卫生安全宣传教育，提高员工的自我保健能力。

（4）制定突发公共卫生安全事件应急预案，在公共卫生安全事件突发的情况下，负责指挥、协调和组织技术力量进行预防控制、救治、宣传教育和心理疏导；协助卫生监督部门做好事故调查取证工作。

3. 公共卫生安全工作办公室职责

（1）贯彻执行公司的各项公共卫生安全管理制度，积极参加公司组织的各项卫生安全活动，做好卫生安全宣传工作。

（2）熟悉各类卫生法律法规，了解公司卫生死角以及卫生安全事件易发部位。

（3）经常进行公共卫生安全检查，及时制止、纠正违反公司卫生制度的行为，预防和消除卫生安全隐患。

（4）一旦发生突发性公共卫生安全事件，迅速正确做出反应，按公司应急预案积极处理；卫生防疫部门到达后，协助开展调查工作。

（5）在员工出现突发性卫生安全事件时，迅速组织救治，遇到公司无法处理的情况，迅速联系120急救中心或本地医院。

六、公共卫生安全工作的职责划分

1. 公司法定代表人是公共卫生工作的第一责任人，对公司的公共卫生安全工作全面负责。

2. 各车间、各部门行政主要负责人为本单位公共卫生安全工作的第一责任人。

3. 各车间、各部门具体职责。

（1）综合办职责

a. 全面负责公司的公共卫生日常管理工作。

b. 组织起草制定公司公共卫生管理规章制度。

c. 监督检查各部门公共卫生管理规章制度的落实情况，发现安全隐患或公共卫生异常时及时提出整改意见，并督促整改。

d. 定期对公司公共卫生设施设备进行检查，并责成有关部门进行维护保养，确保各项设施的正常运行。

e. 对公司员工开展公共卫生教育和培训；对食堂、小卖部的工作人员组织开展经常性的食品卫生知识学习和突发公共卫生事件应急预案细则的演练。

f. 在突发公共卫生事件情况下，当好领导的参谋，组织指挥救护或预防工作。

g. 协助卫生防疫部门调查公共卫生事件发生的原因，提出对责任者的处理意见。

h. 组织交流公共卫生管理工作经验，促进公司各项卫生工作的正常开展。

i. 利用各种媒体开展多种形式的宣传教育活动，普及公共卫生知识，倡导健康文明的生活方式，净化美化公司环境，提高员工的自我保健能力。

j. 负责公司宿舍内的公共卫生工作。

k. 组织制定和完善公司宿舍内公共卫生管理规章制度。

l. 加强对公共卫生管理规章制度的落实，发现公司宿舍内安全隐患或公共卫生异常时及时提出整改意见，并督促整改。

m. 对公司宿舍公共卫生设施设备进行检查，确保正常运行。

n. 对住宿员工开展公共卫生教育，制定公共卫生管理办法，对违反公共卫生纪律的责任者进行处理；突发公共卫生事件时，协助卫生防疫部门调查原因。

o. 负责按照国家体育卫生标准提出修建体育运动场地、购买体育器材的计划。

p. 认真组织实施阳光体育活动，大力开展丰富多彩的员工健身活动。

q. 做好日常公共卫生管理执行工作，在突发公共卫生事件期间做好安全保卫工作。

r. 负责有关信息的报告和对外发布，特别在突发公共卫生事件期间把握舆论导向和对外的信息发布。

（2）各车间、职能部门职责

a. 负责建立各车间、职能部门二级公共卫生工作网络，职责明确，责任落实。

b. 负责设立各车间、职能部门公共卫生责任报告员；

公共卫生责任报告人发现员工有疑似食物中毒或传染病早期症状（如发热、咳嗽、皮疹、腹泻、呕吐、咯血、黄疸等）时，应督促其就诊，若出现3名以上相同症状者，及时报告单位责任人，做到早发现、早报告、早隔离、早治疗。

4.各车间、各职能部门要严格执行公司公共卫生管理的有关规定，切实加强对本单位公共卫生的管理，并认真贯彻落实公司关于公共卫生管理、传染病防治、疾病控制等方面的规章制度，配合做好员工日常卫生管理、健康状况监测、疾病信息报告等工作。

七、公共卫生工作的督导检查

1. 安全部是公司公共卫生安全的监督检查部门，负责组织公司有关部门实施内部卫生管理的督导检查。

2. 公司公共卫生监督检查采取主动接受属地卫生监督机构监督检查和公司内部自我监督检查相结合的办法。

3. 传染病防治的监督检查：除接受属地卫生行政机构检查和专业防治机构督导外，还要根据传染病发病的季节特点，对公司各单位传染病防治情况进行督导检查。

4. 食品卫生安全的监督检查：除接受属地卫生监督所食品卫生监督部门监督检查外，由综合办根据《中华人民共和国食品卫生法》，对食堂的食品卫生情况和记录情况组织进行定期和不定期的自查、监督和考核。

CHAPTER 3 | 接待管理

3.1 企业行政接待

3.1.1 行政接待工作内容与特点

在行政部门的日常工作中，接待工作是一项重要的工作内容，是公司行政能力的直接体现，也是对外展示公司形象的一个重要途径。想要做好接待工作，行政人员不仅要具备面面俱到的服务意识，还要具备统筹协调能力。那么，公司的行政人员如何提高接待能力，以便更好地应对繁杂的接待事宜呢？在解决这个问题之前，我们先对行政接待工作的内容与特点进行具体分析。

◆行政接待工作内容

行政接待工作的内容大致包括以下五个方面，如表3-1所示。

表3-1 行政接待工作的五大内容

工作内容	具体操作
迎接来访人员	行政接待的第一个环节就是迎接来访人员，需要提前与来访人员对接，确定来访时间，来访目的，来访人员的数量、性别与职位等基本信息，以便做好欢迎准备
安排来访人员的行程	行政接待人员要根据提前对接获得的信息为来访人员安排行程，获得对方的同意后制定接待方案
安排食宿	行政接待人员要根据来访人员的数量、性别、职位、民族习惯等为其安排食宿，食宿不追求奢华，但要做到干净、舒适、健康、安全
协调办理访问事项	行政接待人员要根据访问目的，对访问期间的相关事务进行协调安排，按照事先制定的接待方案安排好交通，保证来访人员能够按时到达目的地，能够无间断、无障碍地进行转场，及时解决来访人员的各种问题，满足来访人员的合理需求
做好欢送工作	访问工作结束后，行政接待人员要按照事先制定的欢送方案，让来访人员满意而归

◆行政接待工作特点

行政接待工作的特点主要表现在以下三个方面，如表3-2所示。

表3-2 行政接待工作的三大特点

特点	具体内容
时效性	来访人员都有一定的访问期限，不同的访问事项要做好系统安排，保证各个事项之间可以相互衔接
突然性	有些来访人员会突然抵达，面对这种情况，行政接待人员要立即启动接待工作，凭借丰富的接待经验与强大的接待能力做好接待工作
接待方案的动态性	如果来访人员临时提出访问需求，或者接待工作因为特殊情况需要进行调整。在这种情况下，接待人员要积极应对这种变化，根据调整后的接待方案协调各方，共同做好接待工作

◆行政接待工作的三个要素

（1）接待时间

在接到接待任务之后，行政接待人员要第一时间了解此次接待任务涵盖的所有时间要素，包括来访人员的出发时间、到达时间、参观时间、交流座谈时间等，以便安排好己方人员的准备时间、迎接时间与陪同时间。需要注意的是，因为所有的时间节点都无法精准控制，所以行政接待人员在安排时间时要留有余地，以免因为突发事件导致时间冲突，打乱整个接待计划。

另外，行政接待人员要在确定的时间范围内，根据来访人员的行程变化，结合己方的接待能力，对访问期间各项活动的先后顺序进行灵活调整，不需要严格执行提前制定的接待计划，以免接待工作陷入被动。

（2）接待地点

在明确了接待时间后，行政接待人员要确定来访人员目前所在的位置，沿途经过的地点，确定迎接地点，对座谈交流、企业参观、宴请、住宿等事宜进行妥善安排。在这个过程中，接待人员要将具体的接待时间与地点一一对应，合理设计接待路线，将各个地点串联起来，形成一个明确的接待路线图。

对于接待工作来说，接待时间与接待地点往往会相互影响，接待地点选择恰当可以为接待工作争取更多时间，接待时间控制适宜，也可以为接待地点的选择提供更广阔的空间。因此，行政接待人员在确定接待地点时要对备选地点的周边环境以及地点更换过程中可能发生的情况进行全面考虑，合理安排接待时间与顺序。

（3）接待对象

来访人员的满意度可以直接体现接待人员的接待水平。因此，行政接待人员在与来访人员对接时，不能只了解来访人员的数量、年龄、性别、姓名、职务等基本信息，还要注意这些信息的变化，对这些信息的内在特征进行综合分析，实时了解来访人员心理以及情绪的变化。然后，行政接待人员可以在此基础上按照事先制定的接待流程为来访人员提供热情、周到的服务，让来访人员产生宾至如归的感觉，从而给来访人员留下深刻、美好的印象，通过接待活动塑造良好的企业形象。

3.1.2 前台工位职责与接待流程

前台是公司的门面，在企业的整个运作过程中占据着重要地位。前台工作的好坏会对公司业务的成败以及企业整体形象的好坏产生直接影响。下面我们对前台的岗位职责与工作要点进行具体分析。

◆前台工作职责

前台的工作比较烦琐，大致包括以下内容，如表3–3所示。

表3–3 前台工作职责

序号	主要内容
1	接待来访客户，包括给客户安排座位、准备茶水、了解来访意图、做好登记。待来访客户离开后，要及时将水杯与垃圾清理干净，将资料放回原位
2	面对登门拜访的推销人员，前台可以留下相关资料，并阻止其进入办公区域；如果来访者是媒体人员或厂家经理，前台要及时向领导汇报，得到允许后引领其进入领导办公室
3	前台要及时接听电话，按规定对电话进行转接，在接听电话的过程中要做好记录，将情况转达给相关人员，整个过程要做到不遗漏、不延误
4	负责接收外来信件与资料，将其转交给相应部门。接收报纸，将当天的报纸放到报架上，将替换下来的旧报纸放到指定地点
5	收集复印机、打印机产生的再生纸，将其放到指定位置，以备他用
6	管理饮用水及水票，并做好记录
7	管理公司电脑、打印机、传真机等设备，发现故障及时通知维修人员进行处理，保证设备正常使用
8	做好前台卫生清理工作，使前台桌面与附近的环境保持干净整洁
9	公司员工外出时，前台要安排员工填写《员工外出登记表》

◆前台接待礼仪

在接待客人时，前台要遵守一些礼仪规则，具体如表3–4所示。

表3-4 前台接待礼仪

接待礼仪	具体内容
及时招呼来访客人	对于公司来说，大部分来访客户都很重要。因此，面对来访客户，前台要立即停止手中的工作，向来访客户打招呼。如果前台正在打电话，不方便用语言表达，可以点头致意
主动热情问候客人	前台在向客户打招呼时，要面带微笑，展现自己的热情。对于认识的客户，可以亲切称呼，拉近彼此之间的关系
陌生客人的接待	对于来访的陌生客人，前台要主动询问客人姓名、所属单位等情况，并做好记录

◆前台接待注意事项

（1）如果来访客户要寻访的对象不在，前台可以根据具体情况决定是否告知其去向。如果不方便告知，可以请来访客户留下姓名、电话，将相关情况告知被寻访对象。

（2）如果负责人不方便立即接待来访客户，前台要向来访客户说明原因，告知客户需要等待的时间。如果客户愿意等待，前台要为客户安排座位，向其提供茶水饮料、杂志报纸等物品。

（3）前台引领来访客人前往某个地点时，要有正确的引领姿势与引领方法，具体如表3-5所示。

表3-5 前台引领客人的姿势与方法

具体场景	引领方法
在走廊的引导方法	前台接待人员在客人左前方两三步的位置，配合客人的步调，让客人走在内侧
在楼梯的引导方法	引导客人上楼时，请客人走在前面；引导客人下楼时，请客人走在后面，上下楼梯时注意客人的安全
在电梯的引导方法	引导客人乘坐电梯时，接待人员要先进入电梯，等客人进入电梯后关闭电梯门，到达相应的楼层时，电梯打开，请客人先走出电梯
在会客厅里的引导方法	客人进入会客厅，接待人员要引导客人在正确的位置坐下，行点头礼后离开

如果来访客人没有预约，前台接待人员不要直接回答被寻访对象在或者不在，可以先询问对方的姓名与来意，然后请客人稍等，询问被寻访对象是否接见。如果被寻访对象拒绝接见，可以回复被寻访对象不在，请客人重新预约时间。如果被寻访对象回复接见，可以引领来访对象前往被寻访对象的办公室或者其他地点。

3.1.3 电话接待流程与礼仪要点

前台接听电话时要遵守一定的礼仪，具体如表3–6所示。

表3–6 电话接听礼仪

基本礼仪	具体内容
保持热情	接听电话时要热情，给对方留下良好印象
做好记录	接听电话时，接听人员一般要左手拿电话，右手拿笔，将重要事项记录下来
控制好声音与表情	接听电话时，接听人员要控制好自己的声音和表情，吐字清晰、发音标准，不能大吼大叫，也不能喃喃细语，要保证对方能够清晰地听到自己的声音。在与对方交流时，接听人员要保持微笑，语气友好，使用礼貌用语，例如，“请问有什么可以帮忙的吗？”“不客气”“不用谢”“再见”等
保持正确姿势	在接听电话的过程中，接听人员要保持正确的姿势，即端坐在座位上，或者站直身体，不要趴在桌子上，不要弯腰，以免压迫胸腔，导致声音不自然、不流畅
复诵来电要点	接听完电话后，接听人员要复诵来电要点，以免记录错误引发不必要的麻烦。对于关键信息要及时核对，例如会面时间、地点、联系电话等，以免发生错误
最后道谢	如果来电者是客人，对待客人要友好、尊敬，在对话即将结束时要礼貌道谢，例如“感谢您的来电，祝您生活愉快，再见！”“感谢您的来电，期待下次会面，祝您生活愉快、工作顺利，再见”等
让客户先收线	在打电话或者接听电话时要让客户先收线。因为电话挂断会发出一些声响，可能让客户感到不舒服。因此，在会话即将结束时，接听人员可以礼貌地请客人先挂断电话，表示对客人的尊重
灵活应对特殊情况	如果接待人员正在接听电话，恰好遇到客人来访，按照先接待来访客人的原则，先向通话客人致歉，说明情况，获得对方的理解后挂断电话。如果通话内容很重要，可以请来访客人稍等，尽快讲完重要事宜，结束通话，然后接待来访客人

3.1.4 提升接待效能的管理策略

行政接待工作需要从形式上对接待工作进行优化与简化，对接待流程进行创新，完善接待工作的细节，提高接待工作的质量，提高来访人员的满意度。

◆从形式上进行优化和简化

行政接待工作要严格按照接待主题开展。大部分行政接待工作的流程都非常相似，而传统的行政接待工作的流程在现代社会表现出一定的不适应性，需要对接待工作的流程进行简化、优化，使接待内容的主题得以升华。需要注意的是，接待流程的优化与简化要与特定的主题相契合，不能盲目进行。

在实际的接待工作中，决策人员一方面要综合考虑各种因素下达接待工作指令，另一方面要负责信息传递。为了保证信息传递的及时性、有效性，需要简化信息传递流程，增强决策者和助手之间的默契。

协助接待的助手要与负责人形成一定的默契，通过层级之间的配合对接待工作进行优化，这种配合可以立足于具体的工作细则。优化后的接待方案需要先交给负责人审核，通过审核后再落地实施。如果在接待过程中发生一些突发事件，接待人员要及时与上级领导取得联系，说明情况，及时解决接待工作中出现的各种问题。

◆接待工作创新

接待工作不仅要在形式层面进行创新，还要做好接待人员的培养与训练工作，更新接待人员的思想观念，使其摒弃传统思想，与现代化的接待工作保持一致。具体来讲就是要培养接待人员的情绪控制力、临场应变力、耐力与定力，确保接待人员无论遇到何种情况都能保持镇定，灵活处理，有效应对，保证接待工作顺利开展并完成。

另外，相关人员必须对接待工作给予足够的重视，负责人要及时确认最终的接待方案，遇到突发情况及时做出科学决策，保证接待工作能够顺利完成，为接待工作的创新奠定良好的基础。

接待工作环环相扣，绝不仅是形式上的人员对接。相关人员必须对接待工作的各个环节给予高度重视，做好各个环节的衔接工作。如果因为各环节在对接过程中发生问题，遗漏了重要信息，会给接待工作的后续开展造成不良影响。为了防止这种情况发生，行政人员要提前确认接待方案与各项细节，尤其是各个环节的交接点，尽量做到万无一失。

◆完善行政接待工作细节

行政接待工作要处理好各种细节，提前做好准备，对接待工作的各项事宜进行细致规划，以提高接待工作的专业化水平。

行政接待人员要对行政接待的各项信息进行确认，具体包括来访人员的到达时间、到达地点、来访人员名单与人数、迎接方案、来访目的、客户背景、重要客户信息等。其中，对来访人员的名单要反复确认。同时，在准备接待的过程中，行政接待人员要对来访人员的级别、接待规格、接待费用等信息进行详细核对与计算，提前做好接待准备，制定并确认接待方案，在来访人员到达后按照接待方案进行各项活动，按计划推进接待工作。在制定接待方案时要考虑可能发生的突发情况，对这些情况做到心中有数，以便在事件发生后及时调整接待方案，保证接待工作顺利完成。

对于接待人员来说，了解来访客人的背景、对接待工作进行策划是两项比较重要的工作。具体来讲就是要求接待人员围绕来访客人制定有针对性的接待方案，营造接待气氛，凸显接待目的。接待人员制定接待方案后，要交给专人进行审核。在安排接待日程时，要对来访人员的主观情况与客观情况进行充分考虑，体现接待目标的针对性以及接待方案的独特性。

3.1.5 【范本】企业行政接待工作管理制度

第一章 总 则

第一条 为树立公司的良好形象，扩大公司对外联系和交流，使接待工作规范、有序，特制定本制度。

第二条 接待工作的原则是：热情周到、讲究礼仪、勤俭节约、统一协调。

第三条 本制度适用于公司重大活动、会议等的接待工作。

第二章 管理职责

第四条 办公室为公司接待工作的管理部门，负责接待工作的安排和管理，拟定重要来宾的接待计划，协调相关部门落实接待任务，提供后勤保障。

第五条 公司办公室分管领导负责审核接待计划，协调有关接待事项及接待费用，之后报总经理审批。

第六条 公司各部门负责本部门的接待工作；每月统计接待情况报办公室登记备案；同时应完成公司安排的各项接待任务。

第三章 类型与标准

第七条 本办法所指的接待对象，按来访事由不同主要分为以下几种类型：

（一）公务来访

1. 政府职能部门、行业主管部门工作人员来公司检查工作；

2. 项目合作部门来公司洽谈工作事宜；

3. 有合作意向的投资项目部、金融机构来公司考察。

（二）参观来访

1. 各级党政机关领导来公司视察工作；

2. 各地机关、企事业项目部来公司参观考察；

3. 购房客户参观考察。

（三）会议活动来访

应邀前来参加公司会议、活动的各级领导、专家、新闻记者等。

（四）其他来访客人

第八条　按接待对象级别不同和对公司业务的影响不同，分为重要来宾和一般来宾。

第九条　招待原则和标准：

（一）参观接待根据需要安排招待用餐；

（二）住宿标准：

1. 一般来访客人安排入住与公司签订协议的酒店的普通标准间；

2. 公司领导出面接待的外地重要来宾住宿，由办公室根据需要安排。

第十条　用车标准：

（一）一般公务来访，根据情况需安排用车的，由办公室统一调度；

（二）列入计划的重要来宾来访用车，公司应优先予以保证，车型、驾驶员、用车天数等内容应事先在接待计划中明确。

第十一条　接待规格：

重要来宾可安排对口业务的分管副总经理或总经理出面接待会晤；其他来宾根据情况由相关人员接待。

第四章　计划与准备

第十二条　办公室在接到公司领导通知或相关项目部重要来访预约时，应做书面登记。对重要来宾的接待，须在详细了解接待要求的基础上拟定接待计划，制定日程安排表，报总经理审定后及时通知相关部门和领导；对一般来宾酌情安排业务对口部门接待。

第十三条 公司各部门在接到重要来访预约后，须填写《接待申请单》报办公室，并协助拟定接待计划。需公司领导出面、办公室协调的重要接待一般应提前2天告知办公室；对时间紧迫的临时重要接待任务，可先在电话中请示，并经总经理同意，在完成接待后补办手续。

第十四条 重要来访接待计划应载明以下内容：

（一）接待类别：公务来访、参观、参加会议或其他。

（二）来宾基本情况

1. 来访项目部名称、领导姓名、职务等；

2. 来访具体时间、人数，当地陪同来访的领导和人数；

3. 来访的目的和要求；

4. 在本地逗留的天数。

（三）具体接待安排

1. 明确主要接待的部门，相关配合的部门，接待人员分工及职责，出面接待的领导和陪同人员；

2. 安排参观线路或洽谈、举行活动的场所；

3. 费用预算。

第十五条 重要接待计划还应考虑以下内容：

（一）是否安排车辆接送；

（二）是否需要会场布置，包括花卉、烟茶、音响设备、投影设备、领导席笺、横幅等；

（三）是否制作欢迎牌、指示牌；

（四）是否安排礼仪；

（五）是否需要邀请新闻媒体和草拟新闻通稿；

（六）是否安排摄影摄像；

（七）是否需要准备公司宣传资料；

（八）是否宴请，包括宴请时间、地点、参加人员、标准；

（九）是否安排住宿，是否在房内放置鲜花水果；

（十）是否安排游览、购物、娱乐；

（十一）是否需要赠送礼品；

（十二）其他需要说明的事项。

第十六条　对重要参观来访，主要接待部门应按计划通知参加会晤的领导、陪同人员，落实会晤时间及场所。确定来宾访问路线并检查相关设施，确保电梯安全完好，环境、楼道、洗手间清洁，欢迎牌的设置和内容正确，摄像机、照相机电源充足。

第十七条　对重要公务来访或会议来访，主要接待部门应根据计划和来宾要求，提前预订好来宾下榻的宾馆；根据计划预订宴请的酒店；依据所定用餐标准，安排具有来宾地方风味的饭菜及烟酒、饮料；根据计划确定游览路线、购物商场、娱乐项目；定制的礼品要保证质量。

第十八条　对大型会议或活动的来访接待，主办部门应事先准备公司简介等相关资料；检查会场水电、桌椅、投影仪、音响等设施；安排礼仪人员，准备签到册、名片盒等。

第十九条　办公室按接待人数调度安排接待所需车辆，并留有余地；须保证车辆清洁，安全性能良好；公司车辆应服从办公室的统一调度。

第五章　行为规范

第二十条　接待礼仪：

（一）仪表：面容清洁，衣着得体；

（二）举止：稳重端庄，从容大方；

（三）言语：语气温和，礼貌文雅；

（四）态度：诚恳热情，不卑不亢。

第二十一条　接待程序中要注意把握迎候时间，提前等候于公司门口或车站机场；接待人员引见介绍主宾时要注意顺序；接收名片时，要以恭敬的态度双手接受，默读一下后郑重收入口袋中；过走廊时，通常走在客人的右前方，不时左侧回身，配合客人脚步，转弯处伸右手示意，并说“这边请”；进电梯时要告诉客人上几楼，让客人先进、先出；客人落座后，要以双手奉茶，先客人再主人，先领导后同事；送客时根据身份确定规格，若送至大门口、汽车旁，招手待客人远去，方可离开。

第二十二条　接待中涉及机要事务、秘密文电、重要会议，要特别注意保密；接待中既要熟练介绍公司情况，又要注意内外有别，严守本项目部商业机密；对不宜摄影摄像的场合，应向参观人员说明。

第二十三条　接待中应厉行节约，精打细算，不摆阔气，不讲排场，不奢侈浪费。

第六章　接待费用与信息反馈

第二十四条　公司各部门的接待费用在公司业务费中列支。接待人员于完成接待任务后3天内，按财务报销流程报总经理审批。

第二十五条　接待人员应及时撰写重要来访信息稿交办公室；将与来访者交流中取得的信息汇总整理，提取其中对公司有价值的信息交有关部门。

第七章　附　则

第二十六条　本制度由办公室负责解释和修订。

第二十七条　本制度自印发之日起施行。

3.2 接待管理流程

3.2.1 企业接待的前期准备工作

在各种行政工作中，行政接待属于日常工作中的一项。想要提高行政接待的效率，保证行政接待的质量，必须制定规范的行政接待流程。首先，行政人员在组织接待前要做好准备，制定详细且周密的接待计划，对接待过程中可能遇到的各种问题进行充分考虑，根据来访人员的来访目的与己方领导的要求安排行程，兼顾吃、住、行、观、谈等各个方面。

提前制定接待计划，做好接待准备有两大优点：第一，可以尽量减少突发状况的发生，让整个接待过程按计划进行；第二，即便在接待过程中发生突发状况，也可以沉着冷静地应对，以免打乱整个接待计划，遗漏重要事项。

那么，在接待开始前，行政人员要做好哪些准备工作呢？

◆确认各项信息

（1）确认来访人员的详细信息。在接待前期的各项准备工作中，第一步就是确认来访人员名单，全面收集来访人员的信息，有针对性地开展准备工作。例如，如果来访人员是政府机构或单位的人员，接待人员要提前准备好所需的资质文件以及各类检查项目资料；如果来访人员来自银行等投资机构，接待人员要准备财务往来账目等资料用于核对；如果来访人员来自合伙企业，接待人员要提前对生产线、质量管控线进行清查，给合作伙伴留下一个良好印象，为日后的合作奠定良好的基础。

（2）明确来访人员的目的。接待人员要明确来访人员的来访目的，例如对公司资质进行审查，对公司的生产体系、生产能力、研发体系、质量管控体系等进行考察，了解公司的实际情况等。只有明确来访人员的目的，接待人员才能有针对性地做好准备工作。

◆成立接待小组

行政人员根据具体的接待情形成立接待小组，具体包括接待接口人、接待助理、接待负责人、各环节具体负责人、信息新闻联络人等，其职责如表3-7所示。

表3-7　接待小组成员及职责

成员组成	具体职责
接待接口人	主要职责是统一受理来访需求，确定接待负责人，接待结束后整理接待信息并归档保存
接待助理	主要职责是制定接待计划，做好接待准备，填写来访客人信息，辅助负责人做好接待工作
接待负责人	主要负责组织做好接待工作，对接待工作的开展结果负责
各环节负责人	这里所说的接待环节主要包括车辆接送、酒店住宿、会场布置、展厅讲解、会场网络技术支持等，每个环节都要确定一名或多名负责人
信息新闻联络人	如果是重要接待，行政部门要安排信息新闻联络人，负责做好接待活动的新闻报道

◆确定接待计划

确定接待计划要按照以下流程进行，如表3-8所示。

表3-8　确定接待计划的流程

流程	具体事宜
提前落实各种信息	提前理解接待通知的各种信息，将接待要求落实到位，例如来访人员对住宿的要求，对出行时间的要求等，从而有针对性地制定接待计划
根据来访人员调整接待流程	如果来访人员来自合作企业，可以安排来访人员依次参观生产线、研发室、市场部等，增进来访人员对企业的了解，增强合作信心
合理安排接待日程	依然以接待合作商为例，假设合作商只有三天时间参观公司，接待人员要对这三天进行合理安排，两天用来参观公司、洽谈合作，剩下一天带合作商到当地的知名景点游览，从迎接到送行，都让合作商感受到高质量的接待服务以及企业对此次合作的重视程度，为双方合作的达成奠定良好的基础

◆做好预订工作

制定好接待计划以后，下一步就是要做好预订工作，具体内容如表3-9所示。

表3-9 预订工作的三大内容

三大事项	具体内容
接站	提前安排好接站车辆，预订欢迎牌或花束，确定好接站人员
住宿	根据来访人员名单预订酒店，准备好欢迎信以及专属来宾礼盒，让来访人员感受到公司对此次来访活动的重视
用餐	根据来访人员数量与级别预订用餐房间，提前确定用餐规格，了解来访人员用餐的禁忌，提前安排好宴会菜单

3.2.2 接待工作的流程与要点

◆安排迎接、住宿和用餐事项

（1）迎接安排要对等

迎接安排要做好两大事项，一是确定迎接人员，二是确定迎接车辆。

一般来说，迎接人员的安排要遵循对等原则，其职务应该与来访人员相近，而且最好安排一主一副两名迎接人员，迎接来访人员的车辆要提前准备好，车内雨具、饮品要齐全。如果来访人员比较重要，需要准备多辆车，来访人员与公司领导同乘一辆车，其余的随行人员乘坐其他车辆。如果来访人员较多，还要准备行李车。

面对重要的来宾，接待人员要提前规划好行车路线，确定迎接时间，安排机场或车站VIP迎接，准备好鲜花、地毯、欢迎条幅以及摄影摄像，如有必要还可以制作贵宾通行卡，方便来访人员访问期间在公司内自由活动。

（2）住宿安排要周到

首先要确定住宿时间，尤其是离开当天的退房时间；其次要确定住宿标准，是安排普通的快捷酒店还是星级酒店，标准间还是套房，双床房还是大床房等，最后确定支付方式，由公司支付还是由来宾支付。行政人员要提前办理入住手续，为来访人员准备好早餐。如果来访人员有特殊需求，例如房间温度调低一些，希望房间南向朝阳等，行政人员要协调酒店做好安排。

（3）用餐安排要细心

在日常工作过程中，行政人员可以收集不同风格、不同标准的协议餐厅信息，为不同口味的来访人员安排用餐事宜。在安排用餐之前，接待人员要了解来访人员的饮食习惯，是否有忌口食物等，然后确定用餐形式，安排陪同用餐人员，预订包厢，控制好用餐费用，结账时仔细核对账单。

◆参观安排及交流会见

（1）合理安排参观路线

行政接待人员要根据参观内容安排参观路线，组织企业员工提前打扫卫生，通知各部门做好接待准备。对于重要来宾，要做好电梯控制，以免来宾在电梯前等待太长时间。陪同参观人员要提前到来宾下车处等待迎接，接待助理要将来宾参观的阶段信息同步传输给相关人员。如果是国外来宾，还要安排好翻译。

（2）交流会见的合影即拍即印

公司领导会见来访人员时，行政接待人员要提前准备好会议室、相关文件资料、茶水、水果等。如果是重要会见，还要安排合影，并及时将合影打印出来，配上相框，作为礼物送给来访人员。

◆周边调研与礼品赠送相配合

如果来访人员安排了周边调研，行政接待人员可以提前准备一些当地特产作为礼品送给来访人员。在安排周边调研的景点时，最好与公司业务相关，途中准备一些饮品和食物，未经来宾同意不要拍照。

3.2.3 接待的收尾工作与要点

行政接待的最后一个环节就是送行。送行人员一般由此次接待活动中的主接待人或者次一级的人员担任，送行时间要对路况、航班或车次、是否会堵车、航班是否会出现延误等情况进行综合考虑，并根据行程时间为访问人员准备一些方便携带的水和食物。如果访问人员比较重要，要安排走VIP通道或贵宾通道。

在某些接待活动中，来访人员离开后，接待人员仍要处理一些后续事宜，包括整体相关材料与照片，发放纪念品等。这些工作比较琐碎，而且比较耗时，很容易被遗忘。因此，在接待活动结束后，行政人员要对这些工作的完成情况进行跟踪，督促相关人员做好收尾工作。具体来看，接待活动的收尾工作主要包括以下五个方面，如表3-10所示。

表3-10 接待活动的五项收尾工作

工作内容	具体事项
费用结算	来访人员离开后，行政人员要对相关费用进行结算，包括住宿费、餐饮费、会议场地的租用费、车辆的租用费等，汇总核算完毕后提交给财务部门，由财务部门结算
稿件撰写	会议结束后，行政人员要撰写访问纪要、会议纪要、新闻稿等，稿件撰写要及时完成，不要拖延
会议事项的执行督办	对于领导在与来访人员会见过程中下达的决策，行政人员要及时形成相关文件，并督促文件内容尽快落地
接待经验总结	在接待工作结束后，接待人员要总结经验，从每次的接待活动中总结有规律的、具有普遍适用性的经验，用简明的语言对其进行描述，形成一套固化的理论，后续不断补充完善。对于能够体现接待特色的做法，接待人员也要对其进行总结归纳，形成接待案例，日后不断补充完善，形成一套既符合礼仪程序，又独具特色的接待模式，为以后的接待工作提供借鉴
固化接待标准	行政人员可以通过一次次接待实践将接待标准固化下来，一方面可以为后续接待工作的开展提供借鉴，另一方面也可以根据实践总结出来的注意事项，将接待工作的各个流程固定化、标准化，形成住宿安排标准、用餐费用标准、接待用车标准等，最终形成标准化的接待指导手册，为接待工作提供指导，帮助行政接待人员减轻工作压力

3.2.4 【图例】企业行政接待工作流程图

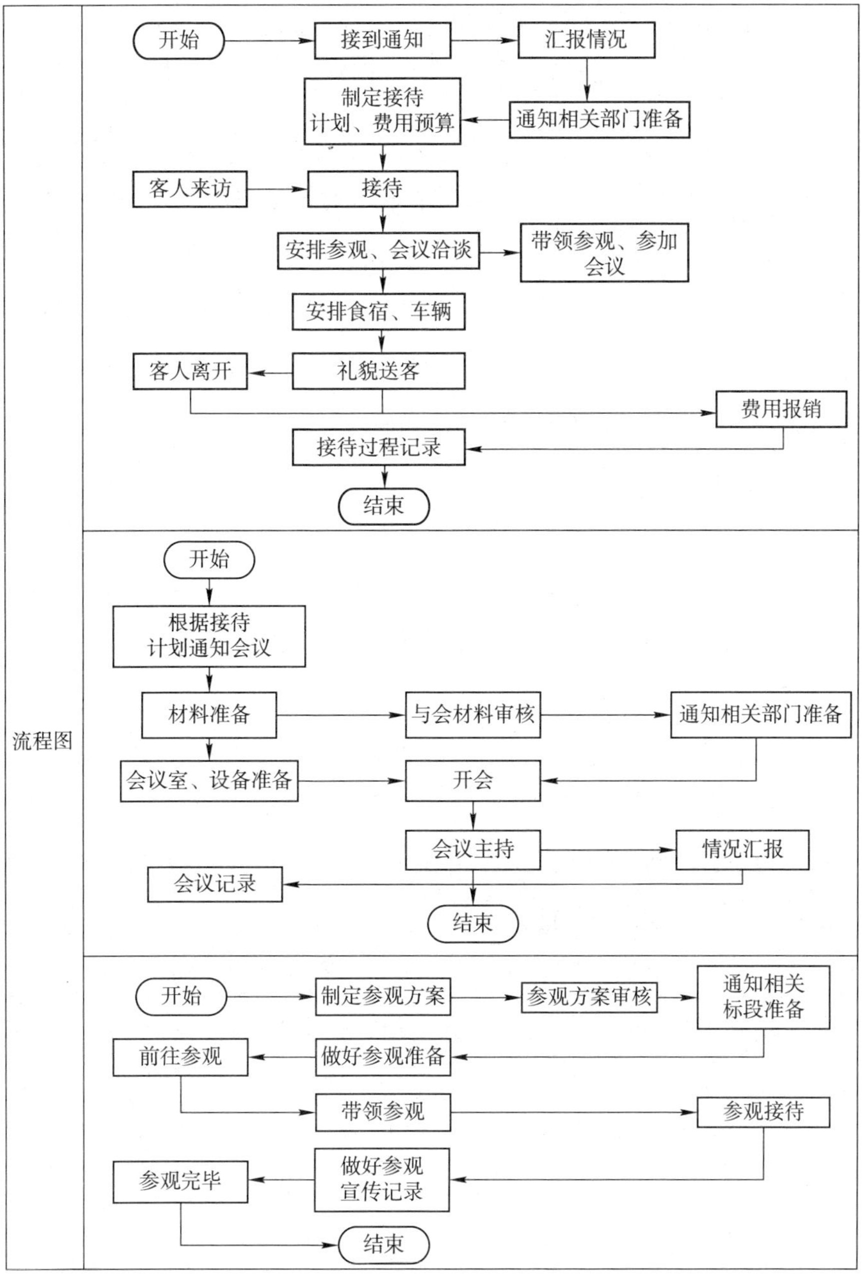

3.3 接待礼仪规范

3.3.1 引见问候礼仪规范与要点

◆当面接待礼仪

上级领导来访要热情接待，认真聆听上级领导交办的工作，如实回答上级领导的提问，对上级领导的慰问表示真诚的谢意，领导离开时起身相送。

下级来访时也要热情接待，认真倾听下级反映的问题，如果问题暂时无法解决，要客气地表示一定会重视该问题，会及时商讨解决方案，请大家再耐心等待一段时间。来访下级离开时同样要起身相送。

◆引见礼仪

来访人员与领导见面时，需要由行政人员引荐、介绍。行政人员引导来访人员前往领导办公室时，要走在来访人员左前方两三步的位置，不要完全背对来访人员，途中可以与来访人员交谈，或者将本单位的大致情况介绍给来访人员。

进入领导办公室之前要先敲门，得到允许后再进入。敲门时弯曲手指，用指关节轻叩，切不可用力拍打。进入房间后，行政人员要先向领导点头致意，再将来访人员介绍给领导，介绍时要注意措辞，用手示意时要用手掌，不能用手指指向对方。

◆介绍礼仪

介绍有两种方式，一种是自我介绍，一种是介绍他人，如表3-11所示。

表3–11 介绍的两种方式

介绍方式	具体内容
自我介绍	自我介绍时要先向对方点头致意，说明自己的姓名与身份，同时递上名片。行政人员向来访人员自我介绍时要把握好分寸，不能过度自谦，也不能夸大其词
介绍他人	介绍他人时五指并拢，手心向上，指向被介绍人。在介绍时，一般是将身份低、年纪轻的人介绍给身份高、年纪大的人，将男士介绍给女士，将晚辈介绍给长辈，将非官方人事介绍给官方人士，将个人介绍给团体。如果来访人员比较多，一般要按照职务高低的顺序进行介绍。介绍完，行政人员退出领导办公室，将门轻轻关上

◆握手礼仪

握手要遵循尊者为先的原则。接待来访人员时，接待人员要先伸手；来访人员离开时，要等待来访人员伸手。在正式场合，上级领导先伸手；在社交场合，先到者先伸手。

◆接送名片礼仪

（1）名片的递送。名片交换一般要遵循“先客后主、先低后高”的原则。在多人交换名片的场景中，一般按照职位高低或由近及远的顺序进行。递送名片时将名片正面面向对方，眼睛注视对方、面带微笑、双手递送。名片递送要在完成介绍后进行，不能在不清楚对方身份的前提下递送。

（2）名片的接受。接受名片时要起身，注视对方、面带微笑、双手接过名片并道谢。接过名片后要浏览名片内容，可以将对方的姓名、职位读出来，以表示对对方的尊重。在接过对方名片的同时，要回赠一张本人的名片。如果没有名片或者没有带名片，要向对方表示歉意。在对方离开之前，或者话题没有结束之前，不用着急地将名片收起来。

3.3.2 陪同接待礼仪规范与要点

在商务活动中，行政人员要负责陪同客人，在这个过程中有很多细节需要注意，具体分析如下。

◆日常接待引领礼仪

（1）陪同客人时，行政人员要走在客人左侧以示尊重，主要陪同人员与客人并排行走，随行人员走在后面。需要引导时，陪同人员要侧转体走到客人左前方一两步远的位置，与客人的步调保持一致。

（2）在行进过程中，如果遇到路口、转弯、上下楼梯、路滑、道路不平等情况时，要及时出言提醒，以免客人摔跤跌倒。

（3）乘车时，陪同人员打开车门，用手挡住车门上方的边框，请客人先上车，并提醒客人低头小心磕碰，等客人坐稳后再关闭车门。车辆停稳后，陪同人员先下车打开车门，再请客人下车。如果同时接待两位贵宾，接待人员要先打开后排右边的车门，请尊者先上车，再从车尾绕到车辆的另一侧，打开车门请另一位客人上车。

（4）在陪同的过程中，陪同人员要与客人聊天，将接下来的行程告知客人，避免冷场。

◆参观陪同礼仪

安排来访人员参观前，要对参观开始时间、结束时间、交通工具、陪同与讲解人员、休息地点、餐饮安排、需要准备的资料、拍照录像人员进行统筹安排。如果参观事项有危险，还要做好安全措施。

如果来访人员身份尊贵，一般由公司领导亲自陪同。如果不是贵宾，一般由行政接待人员负责陪同，或者由公司内专门负责讲解的员工陪同。在陪同参观的过程中，陪同人员的行进速度要与来访人员的行进速度保持一致。讲解时，陪同人员要面向来访人员，并保持一定的距离。在参观过程中，陪同人员要将来访人员引领到最适合观看的位置或角度，在整个过程中要实时保持交流，让对方感受到自己的热情。

◆游览陪同礼仪

对于远道而来的贵宾，如果条件允许，可以陪同游览当地有特色的景点。在游览前，陪同人员要提前安排好行程，准备交通工具及浏览过程中需要的其他物品，包括水、饮料、雨伞、零食、纸巾等。

在游览过程中，陪同人员要负责购买门票，帮客人拍照留念，安排好中途休息与餐饮，餐饮最好是当地的特色小吃。如果经费充足，可以为客人准备一份具有纪念意义的礼品。在陪同游览的过程中，陪同人员一定要注意客人的安全问题，带给客人一次舒适、愉悦的游览体验。

3.3.3 商务宴请礼仪规范与要点

商务宴请的主要目的是与客户增进了解、增进友谊，因此要营造一种宽松、愉快、融洽的氛围。具体来看，商务宴请要遵守哪些规范，注意哪些要点呢？

◆宴请规格类型

根据宴请规格，宴请活动一般可以分为六种类型，如表3–12所示。

表3–12 宴请的六种类型

宴会类型	注意事项
正式宴会	如果是比较隆重的正式宴会，主人与宾客需要按身份排位就座，服装要得体、正式。宴会开始前，主人与宾客都需要整理服装与妆容，以表示对宴会的重视。很多时候，正式宴会都会安排在晚上。如果来宾是外国人，最好不要在来宾下榻的酒店举办宴会，因为外国客商会将下榻的酒店视为临时的“家”
便宴	便宴不属于正式的宴会，而且形式比较简单，宾客与陪同人员按照职位高低就座即可，没有严格规定。宴会过程中，主人或陪同人员无须致辞、祝酒，菜肴可以简单也可以丰盛，只要是营造出一种轻松、愉快的氛围即可。这种宴会的适用范围极广，可以在很多社会活动中应用
家宴	家宴就是在家中设宴款待客人，可以很好地拉近与客人的距离。家宴一般由主人亲自下厨，家庭成员共同作为陪同人员。无论在国内还是在国外，很多客人认为家宴是最高礼仪，主人亲自烹制一桌菜肴，会瞬间让客人产生亲切感，给客人留下深刻印象
招待会	招待会形式比较灵活，不安排座位，陪同人员与来访客人可以自由活动。一般来说，招待会的形式有冷餐会、酒会、茶会、工作餐等，选择空间比较大

续表

宴会类型	注意事项
酒会	酒会又称为鸡尾酒会，招待品主要是酒水，注意不用或者少用度数高的烈酒，同时配以甜点、水果、小吃等食品。酒会不设座椅，仅放置几个小桌或茶几，客人可以自由走动、接触、交谈；可以安排服务生端送酒水饮品，也可以直接将酒水、饮品、食物放在桌上，请客人自取。酒会的举办时间比较自由，中午、下午、晚上都可以，具体时间要提前说明。酒会期间，客人来去自由，可以迟到早退，不受约束
茶会	茶会是最简单的一种招待形式，可与客人一边品茶一边交谈。一般情况下，茶会在客厅举行，内设茶几、座椅，不安排座位。入座时，主人可以和主宾坐在一起，其他人则自由落座。因为茶会的主要目的就是品茶，所以茶叶、茶具要有特色、有水准。品茶时可以配一些茶点。在时间方面，茶会一般适合在上午10点左右或下午4点左右举行

◆宴请礼仪的六大要点

（1）桌次及座次安排

国际礼仪和商务礼仪都是以右为尊。在大型宴会中，如果纵向排列桌次，靠墙为上，依次排列；如果横向排列，中间为上，右边次之。在商务宴请中，一般以客为尊，己方的领导次之。同时也要遵守特例，例如尊老、尊师、尊贤。离座时，一般是主陪和首席主宾先离座，其他人随后离座。

（2）菜肴安排

无论哪种类型的宴会，菜肴安排都是重中之重。接待人员在安排菜品时要充分考虑客人的口味，提前了解客人用餐的禁忌，例如是否吃辣、能否吃海鲜等。如果客人是少数民族，要充分尊重少数民族的饮食习惯，例如回族不吃猪肉。如果来访人员中有回族，菜品安排要回避猪肉。另外，可以安排一些当地特色菜品，让客人通过食物了解当地文化。

（3）餐巾的使用

餐巾的主要功能是用来擦嘴或者擦手，不要用来擦拭餐具。在商务宴请中，所有主宾入座后才可以使用餐巾，进餐者落座后自行取出餐巾平铺在大腿上。在用餐过程中不要随便玩弄餐巾，中途离开时可以将餐巾放在椅背上表示暂时离开，稍后回来继续用餐。

（4）酒水的安排

接待人员在安排宴请时不用提前了解客人的酒水需求，只需要在宴会开始前询问即可。询问最好使用封闭式提问，即给出酒水的品类或品牌，让客人从中选择，以免客人在不知情的情况下点了没有的酒水引发尴尬。

（5）时间安排

宴会时间一般由主人确定。如果主人确定下午6点开始，客人只要接受即可。当然，为了体现对客人的尊重，主人可以与客人商议宴会的开始时间。当然也有特殊情况，如果宴请领导或者贵宾，宴请时间要根据领导或贵宾的时间进行调整。

3.3.4　接待迎送地点的礼仪要点

对于来访客户，迎送是基本礼仪，迎送地点的确定有很多讲究，具体分析如下：

◆办公室迎送礼仪

对于日常来访客人，接待人员可以在办公室门口迎候。客人到达后，接待人员微笑上前，主动握手，然后邀请客人前往会客室或者办公室。客人离开时，等客人起身后再起身。送客人离开时要走在客人后方。如果客人不认识路，接待人员可以走在左前方引路，送到门口目送客人离开。

◆电梯门口迎送礼仪

对于重要客人，接待人员可以提前一两分钟到电梯门口迎接。电梯门开后，主动上前一步，一只手挡住电梯门，一只手做出邀请手势，请客人走出电梯，然后与客人握手问候。如果客人不多，可以逐一握手；如果客人比较多，可以向随行人员点头致意。客人离开时也要送到电梯门口，待电梯门开启后，伸手挡住电梯门，请客人依次进入电梯，同时挥手道别。

◆楼下或大门口迎送礼仪

对于特别重要的客户，接待人员应到公司楼下或者门口等候，车辆停下，接待人员主动上前为客人打开车门，请客人下车，随后主动握手问候。客人离开时，接待人员也要送到楼下或门口，主动打开车门请客人上车，互道再见，车辆启动后挥手道别，待车辆离开视线后再转身离开。

如果是多人迎送，要按照离主宾的远近以及职位的高低进行排序，在客人离开前严禁交头接耳、转身离开。

◆酒店迎送礼仪

如果确定到酒店迎接客人，接待人员要提前与客人沟通好时间，提前5分钟到达，并在酒店大堂等候。对于陌生客人，要提前告知对方自己所在的位置。如果在车内等候，接待人员要将车型、车牌号告知客人。如果到了约定时间没有见到客人，可以与客人电话联络，了解情况，耐心等待。

送客人到酒店时，要将客人带到酒店门口，随意交谈几句，请客人好好休息，然后告辞离开。如果客人随身携带行李，可以帮客人将行李送到房间，然后尽快告辞离开，不要逗留太长时间。

◆会场外迎送礼仪

接待人员要提前与客人商议确定迎送时间与地点，并提前几分钟到达，将车辆停放在合适位置。如果是冬天或夏天，要提前调好车内温度，站在车辆右侧等待客人。

CHAPTER 4 档案管理

4.1 档案管理制度

4.1.1 企业档案管理的主要类别

作为企业发展历程、企业文化及企业发展历史的记录，档案受到了越来越多的关注。档案管理不仅广泛存在于企事业单位，还存在于各个领域。作为档案管理者，做好档案管理，保管好企业的发展成果与经验，可以为企业未来的发展提供更多经验与借鉴。

根据企业的情况，档案可以分为以下不同的类别，如表4–1所示。

表4–1 企业档案管理的分类

档案分类	具体内容
文书档案	党群工作类：党务工作、组织工作、宣传工作、纪检工作、工会工作、共青团工作、协会工作等
	行政管理类：行政事务、治安保卫、审计工作、人事劳资、教育工作、医疗卫生、后勤福利、外事工作等
	经营管理类：经营决策、计划工作、财务管理、物资管理、企业管理等

续表

档案分类	具体内容
文书档案	生产管理类：生产调度、质量管理、能源管理、安全管理、科技管理、环境保护、计量工作、标准化工作、档案与信息管理、基建管理、设备管理、合同等
科技档案	产品文字材料：各种任务书、建议书、协议书、说明书、鉴定书、试验大纲、试验报告、分析报告、审查报告、运行报告、总结、产品图样等
	科研文字材料：各种合同（协议书）、任务书、科研报告、调查报告、开题报告、实验报告、鉴定证书、发明申请书等
	基建文字材料：各种建议书、任务书、计算书、开工报告、概（预、决）算、检验分析材料、施工图样
	设备文字材料：各种申请书、说明书、技术规程、维护保养规程、设备图样等
财务档案	会计原始凭证和报表中所附的各种借据、书面证明材料、分析报告等
人事档案	职工的招聘、履历、培训等
电子档案	计算机磁带、磁盘和光盘等
声像档案	照片、缩微胶片、电影胶片、录像片、录音磁带和唱片等

4.1.2 企业档案管理的前期准备工作

企业档案管理涉及方方面面的内容，档案管理者要提前做好准备，为后续的档案管理奠定良好的基础。具体来看，在档案管理前期要做好以下几件事：

◆认识管理对象

档案指的是组织或个人在社会活动中直接产生的，保存下来以备查看的各种数据与信息。很多人认为企业在经营生产过程中产生的所有数据都是档案，这是一种错误认知。档案具备两大特性，一是原始记录性，二是回溯性，可以通过以下三点进行判断：

- 文件是否办理完毕。假设一份文件还在办理之中，就不能称之为档案。

- 文件是否具有利用价值。如果将没有利用价值的文件归档保存，会在很大程度上造成资源浪费。
- 是否按规律对文件进行保存。如果将文件随意堆放在一起，就不能称之为文档。

◆明晰管理范围

企业档案管理的对象非常广泛，大致可以分为两类，一类是包括品牌宣传、合作荣誉、大事件等在内的对外资料，一类是包括战略规划、投资运营、业务评估等在内的对内资料。除此之外还包括规范性文书、离任审计、监察资料、无形资产等管理资料，以及企业的规章制度、企业文化等宣传资料。企业要根据自己的实际情况决定哪些资料需要归档，并合理划定归档范围。

◆组织人员配置

企业档案管理要遵循“统一指导、分级管理”的原则，安排专门的档案管理人员，拟定档案管理规划、档案管理制度以及具体的实施方法。各部门要配备一名兼职的档案管理人员，负责收集本部门的档案材料。人事部、财务部、业务部等有可能产生敏感内容的部门，可以在档案部门的监管下自行开展档案管理。为了保证档案管理效果，企业可以对档案管理专员以及兼职的档案管理人员进行培训。

◆提供场地支持

如果条件允许，可以建造一个档案室，将档案存放在档案室中；如果没有档案室，或者条件不允许，可以安排一个带锁的柜子存放档案。企业可以根据自己的实际情况进行选择，既要保证档案保存的安全性、完整性、私密性，又要方便调用，满足业务开展需求。

4.1.3 企业档案管理的工作流程

◆立卷归档

档案室收集文件材料，然后进行分类，将材料信息录入机读目录，整理完毕后进行装订，制作检索工具，将档案入库，然后分类上架。

◆借阅

（1）本单位人员借阅档案

本人提出书面申请，交由办公室主任审核，主管领导签字批准之后，由档案室管理员查找档案，交给借阅人。借阅人要填写借阅档案登记簿和档案利用效果登记表。归还时，档案室要填写归还日期。

（2）外单位人员查阅档案

借阅人持单位介绍信到档案室申请借阅，填写借阅档案审批单，交给办公室主任审核，请主管领导签字，由档案室管理员查找档案，借阅人要填写借阅档案登记簿和档案利用效果登记表。归还时，档案室要填写归还日期。

◆档案收集、交接、整理、统计工作

收集、交接、整理、统计工作主要包括以下几项内容，如表4–2所示。

表4–2 档案收集、交接、整理与统计

序号	工作内容
1	档案员或资料员根据单位的档案归档范围，对档案材料进行归纳整理、收集保存，保证档案材料的完整性
2	档案员或资料员根据文件资料的特点，按照规定的类目对档案进行归纳整理
3	次年初（企业可以自行确定时间），档案员或资料员对收集到的文件材料进行初步立卷
4	3月上旬（企业可以自行确定时间），档案室对各部门初步立卷的材料进行检查
5	档案员或资料员按要求立卷
6	档案员或资料员填写移交清单，将档案移交给档案室

续表

序号	工作内容
7	档案室对案卷进行分类整理，编制档案号与案卷目录，然后入库
8	做好档案统计、保管与利用工作
9	对文件进行汇编，对档案文件进行二次加工、三次加工等

◆鉴定销毁

提出档案销毁申请，交由办公室主任审核，请主管领导签字，由档案鉴定小组鉴定，由档案管理人员及相关部门业务人员登记入册，提交办公室主任以及主管领导签字批准，再由一把手签字批准，最后由档案室派遣两名员工到指定地点监督核销，并办理销毁清册，归档管理。一般来说，档案鉴定小组主要包括主管领导、办公室主任、档案管理人员及相关部门业务人员。

4.1.4 【范本】企业档案管理制度细则

一、总则

1. 为加强本公司档案管理工作，充分发挥档案作用，全面提高档案管理水平，有效地保护及利用档案，为公司发展服务，特制定本制度。

2. 公司档案，是指公司从事经营、管理以及其他各项业务直接形成的对公司具有保存价值的各种文字、图表、声像等不同形式的历史记录。公司档案分为受控档案和非受控档案。

3. 公文承办部门或承办人员应保证经办文件的系统完整（公文上的各种附件一律不准抽存）。结案后及时归档。工作变动或因故离职时应将经办的文件材料向接办人员交接清楚，不得擅自带走或销毁。

二、文件材料的收集管理

1. 公司指定专人负责文件材料的管理。

2. 文件材料的收集由各部门或经办人员负责整理，交总经理审阅后归档。

3. 一项工作由几个部门共同参与办理的，在工作中形成的文件材料，由主办部门或人员收集，交行政部备案。会议文件由行政部收集。

三、归档范围

1. 重要的会议材料，包括会议的通知、报告、决议、总结、典型发言、会议记录等。

2. 本公司对外的正式发文及与有关单位来往的文书。

3. 本公司的各种工作计划、总结、报告、请示、批复、会议记录、统计报表及简报。

4. 本公司与有关单位签订的合同、协议书等文件材料。

5. 本公司职工劳动、工资、福利方面的文件材料。

6. 本公司的大事记及反映本公司重要活动的剪报、照片、录音、录像等。

四、归档要求

1. 档案质量总的要求是：遵循文件的形成规律和特点，保持文件之间的有机联系，区别不同的价值，便于保管和利用。

2. 归档的文件材料种类、份数以及每份文件的页数均应齐全完整。

3. 在归档的文件材料中，应将每份文件的正件与附件、印件与定稿、请示与批复、转发文件与原件，分别立在一起，不得分开，文电应合一归档。

4. 不同年度的文件一般不得放在一起立卷；跨年度的总结放在对应的最后一年立卷；跨年度的会议文件放在会议开幕年。

5. 档案文件材料应区别不同情况进行排列，密不可分的文件材料应依序排列在一起，即批复在前，请示在后；正件在前，附件在后；印件在前，定稿在后；其他文件材料依其形成规律或特点，应保持文件之间的密切联系并进行系统的排列。

6. 案卷封面，应逐项按规定使用钢笔书写，字迹要工整、清晰。

五、档案管理人员职责

1. 按照有关规定做好文件材料的收集、整理、分类、归档等工作。

2. 按照归档范围、要求，将文件材料按时归档。

3. 工作人员应当遵纪守法、忠于职守，努力维护公司档案的完整与安全。

六、档案的利用

1. 公司档案只有公司内部人员可以借阅，借阅者都要填写借阅单，报主管人员批准后，方可借阅，其中非受控文档的借阅要由部门经理签字批准，受控文档的借阅要由总经理签字批准。

2. 档案借阅的最长期限为两周；对借出的档案，档案管理人员要定期催还，发现损坏、丢失或逾期未还的，应写出书面报告，报总经理处理。

3. 必须严格保密，不准泄露档案材料内容，如发现遗失必须及时汇报，追求责任。

4. 不准拆卷及任意抽、换卷内文件或剪贴涂改其字句等；不得任意摘抄或复制案卷内容，如确有需要，必须经领导批准才能摘抄或复制。

5. 必须爱护档案，保持整洁，不准在档案材料中写字、画线或做记号等。

6. 不准转借，必须专人专用。

7. 用毕按时归还，如需延长借阅时间，必须通知档案管理人员另行办理续借手续。

七、本制度即日起开始执行。

4.1.5 【图例】企业档案管理流程图

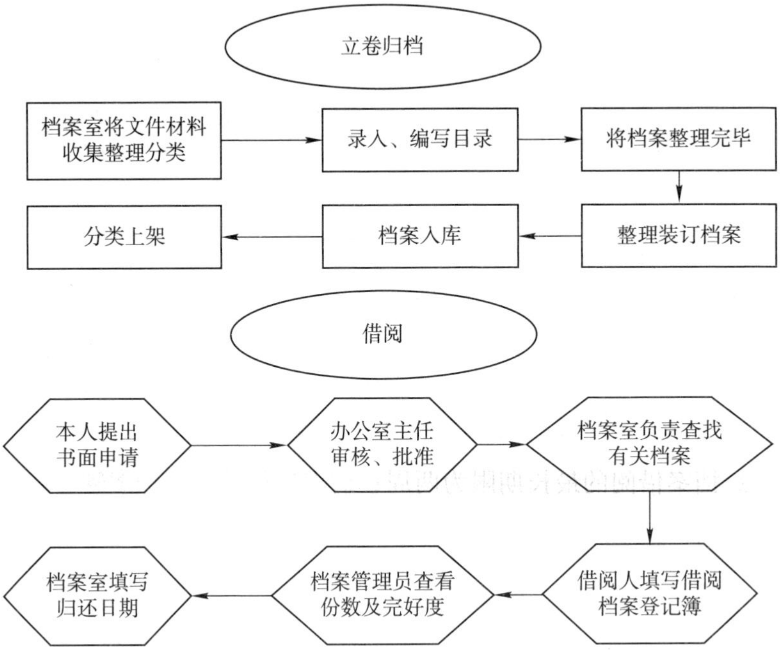

4.2 档案信息化管理

4.2.1 档案信息化的概念与原则

随着计算机、互联网在档案管理领域广泛应用，如何利用信息技术对人事档案进行管理已经成为一项重要课题。目前，企事业单位都在努力探索档案管理信息化，并取得了初步成效。实践证明，对于现代企业来说，使用现代信息技术对档案进行管理，不仅可以提高档案的质量与效率，而且可以提高档案的利用水平。在这种情况下，档案信息化管理就成为档案管理工作的重要发展趋势。下面我们就对档案信息化管理的原则与内容进行具体分析。

◆档案信息化管理的概念与定义

档案信息化是一个动态发展的过程，在这个过程中，人们对信息化含义的认知发生了很多改变。一般来讲，档案信息化的内涵主要表现在以下四个方面，如表4–3所示。

表4–3 档案信息化的四个方面

四个方面	主要内容
信息网络体系	包括信息资源、各种信息系统以及公用通信网络平台等
信息产业基础	包括信息科学技术研究与开发、信息装备制造、信息咨询服务等
社会运行环境	包括现代工农业、管理体制、政策法律、规章制度、文化教育、道德观念等
效用积累过程	包括劳动者素质、国家现代化水平、人民生活质量、精神文明和物质文明建设等

档案管理信息化指的是将现代信息技术全面应用于档案管理，对档案信息资源进行处置、管理，让档案信息得以充分利用，加速实现档案管理信息化。虽然这个过程非常漫长，但是采用现代信息技术，可以切实提高档案管理的现代化水平。

◆档案信息化应遵循的原则

（1）规范性原则

现阶段，档案信息化管理必须制定一套标准，提高档案管理的质量与水平。对于馆藏多年的档案，要按照标准对其进行信息化处置，将转化后的电子信息归入档案，实现档案数字化。数字化档案的存放、运输及使用也要符合一定的标准，以免出现重复建设、相互之间不统一的情况。

（2）安全性原则

在信息化时代，网络的安全性问题一直备受关注。因为各种漏洞的存在，网络很容易受到攻击，导致数字化档案被盗窃。为了保证数字化档案的安全，企业要采取最有力的网络安全政策，有效防范各种攻击与危险。

4.2.2 档案信息化管理实战流程

档案信息化管理的内容可以从宏观与微观两个层面探讨。从微观层面来看，档案信息化就是利用信息技术对档案进行管理，具体内容如下：

◆档案信息的收集

企业在运行过程中产生的各种信息，包括电子化信息以及纸质信息，都需要进行收集。在收集信息的过程中，需要注意评奖、创造与发明专利等个人在工作中产生但没有上报给企业管理的信息。在收集档案信息的过程中，不仅要收集已经实现了电子化的信息，还要收集纸质档案数字化之后的信息。

◆档案信息的整理

以人事档案为例，企业要根据自己的人事档案系统确定人事档案信息的整理方式。一般来说，人事档案信息整理的对象包括个人履历材料、自传材料、鉴定材料、考察和考核材料、入团入党材料、奖惩材料、任免材料、晋升材料以及离退休材料等。有些信息是固定不变的，有些信息则一直处在变化之中，例如绩效考核、奖惩方案等。随着企业的不断发展，这类档案会越来越多。

人事档案信息整理的主体一般是企业的人事部门。如果企业没有专职的档案信息整理人员，也可以交由人事档案代理单位或者人才中心完成。人事档案信息整理要遵循“一人一档”的原则，以“类”或“件”为单位进行整理。人事档案信息主要有两大来源，一是现有的人事档案电子文件，二是纸质人事档案数字化之后形成的电子档案。

人事档案信息可以定期整理，也可以在档案形成后实时整理。在整理的过程中，需要参照《档案著录规则》（DA/T 18）对档案信息进行著录。如果是电子档案，在著录的过程中要按要求补充著录项目和其他标识。

◆档案数据库建设

档案数据库建设包括三大内容，一是档案目录数据库建设，二是全文数据库建设，三是特色数据库建设。目前，很多企业已经认识到档案目录数据库建设的重要性，并为此投入了大量人力、物力，却在一定程度上忽略了全文数据库以及特殊数据库建设。事实上，不同的档案数据库可以发挥不同的作用，只有完善数据库建设，才能将档案信息的作用充分发挥出来，为企业的管理决策提供科学的依据。

◆档案信息的存储

档案信息需要定期或不定期地进行存储，保证档案信息的完整性以及取用的便利性。档案信息存储的载体可以选用只读光盘、一次性写入光盘、磁带、可擦写光盘、硬磁盘等，不可以使用软磁盘长期保存归档的电子文件。如果档案的信息容量比较大，可以使用硬磁盘、数据磁带等进行存储。需要注意的是，无论使用何种载体存储档案信息，都要进行备份，而且原始信息与备份信息最好使用两种完全不同的载体进行存储。

◆档案信息的共享

档案信息可以通过数据库共享，提供给各个部门使用。仍以人事档案信息为例，如果按照传统的信息共享模式，高校毕业生将人事档案放到某人才交流中心，人才交流中心将毕业生的档案录入系统，再进行共享，不仅费时费力，而且错误率较高。如果毕业生所属高校通过数据库对学生的档案信息进行共享，人才交流中心就可以直接利用这些信息，无须二次输入，不仅可以提高信息共享效率，而且降低了错误率。借鉴这种做法，很多企业或机构通过前置服务器实现基本数据库共享，切实保证了数据的准确性、完整性与时效性，为档案信息的共享奠定了良好的基础。

◆档案信息安全的保障

如果档案存储硬件或软件遭到损坏，或者档案信息系统受到攻击，就会导致档案信息丢失、被篡改或者泄露。为了防止这些情况发生，保障档案信息的安全，需要采取以下措施。

企业以及档案管理人员要树立安全意识，通过系统设计、先进技术、完善制度等措施保障档案信息的安全，需要公开的档案可以公开，需要保密的档案要加强保密。企业档案管理部门要根据档案的特点，参照档案行业的标准规范建立本企业档案信息化管理的标准。

一般来说，档案信息化管理标准的制定要参照三大规范，分别是国家信息化标准规范、行业标准以及档案信息化标准规范。这三大标准互为辅助，国家标准是基础，行业标准是依据，档案信息化标准规范则具有针对性。此外，档案信息的标示、描述、存储、交换、管理和查找等也需要建立标准规范，为档案信息化建设、开发与利用提供科学依据。

除标准外，企业或行业还要开发专门用于档案信息管理的软件，建设专门的服务平台，为档案信息的共享、传递以及档案信息在企业内部的利用提供便利。想要做好这一点，企业的档案管理部门必须做好组织与规划。

需要注意的是，档案信息化建设需要企业投入大量的人力、物力，需要耗费很长时间。现阶段，我国档案信息系统开发缺乏统一的规划，存在比较严重的重复开发现象，为了降低档案管理系统开发成本，提高共享水平，行业要加强对软件开发的管理，鼓励企业开发通用的档案管理软件。

4.2.3 射频识别（RFID）在档案管理中的应用

企业在发展过程中会产生各种档案信息，时间越长，积累的档案信息越多。如果采用纸质存储，档案信息的规模会迅速膨胀。并且，纸质档案需要档案管理人员手工整理，流程烦琐，效率较低，档案存放次序容易被打乱，为以后的查找利用带来不便，导致档案利用效率不高。进入信息化时代之后，虽然一些企业开始利用信息技术对档案管理进行改造，但档案管理的信息化水平相对较低，一些档案无法数字化，仅凭手工记录的方式无法对档案的利用情况做出准确统计，也无法定期对所有的档案进行盘点。在这种情况下，利用新一代信息技术对档案管理进行改造意义重大。

射频识别（Radio Frequency Identification，RFID）是一种通过射频信号自动识别目标对象并获取相关数据的技术，不仅可以识别静止状态的物品，还可以识别运动状态下的物品，支持远距离识别，可以批量读取物品信息。相较于传统的条形码自动识别技术来说，RFID应用于档案管理有很多优势，这些优势如表4–4所示。

表4–4 RFID应用于档案管理的优势

优势	具体表现
快速扫描	RFID读写器可以同时识别多个RFID电子标签，批量获取档案信息，并将档案入库，从而提高档案管理效率
体积小型化、形状多样化	RFID可以镶嵌或附着在档案上，体积更小、形态更多，也更加安全，不受纸张尺寸与印刷质量的影响可以更准确地读取信息
可重复使用	RFID电子标签内储存的数据可以不断更新，并且支持回收再利用。在档案管理中，可以为每一个档案袋配备一个RFID电子标签。在档案流转的过程中，如果档案的业务流程发生改变，RFID电子标签可以对信息进行实时修改，以适应新的业务流程，从而降低档案管理成本，提高档案管理效率
穿透性和无屏碍阅读	RFID可以穿透纸张、木材和塑料等非金属材质，进行穿透性通信，远距离、批量地读取信息。基于这一特性，RFID应用于档案管理可以更精准地实现进、出、存控制，提高工作效率，降低档案管理成本，提高档案管理的智能化水平

4.2.4 基于RFID的档案管理系统

RFID应用于档案管理，通过给每一个档案箱添加RFID电子标签，绑定档案信息，在各个关键节点利用读写设备采集电子标签信息对档案进行识别，从而实现档案的智能化管理，具体方案如下：

◆系统架构

档案管理系统分为三层架构，分别是采集层、网络层和应用程序，如表4–5所示。

表4–5 档案管理系统的三层架构

三大层次	主要功能
采集层	主要通过射频识别设备及其他自动识别设备采集档案信息
网络层	主要通过无线通信技术将采集到的信息传输至中央数据库
应用程序	主要利用数据库服务器、应用服务器等软件对采集到的数据进行管理

利用RFID打印机打印RFID电子标签，将电子标签与档案内的资料一对一绑定，然后在档案管理中心安装通道式RFID读写器，在档案袋进入档案管理中心时读取相对应的电子标签信息，完成对档案信息的识别，获取档案的出入库数据。在档案流转的过程中，可以利用移动采集设备获取档案的交接信息，快速准确地完成档案的交接。除此之外，移动采集设备还可以用于日常盘库与移库。价值比较高的档案资料可以用智能档案柜保存，借阅人只有获得授权才能借阅。除此之外，智能档案柜还可以对档案进行实时盘存与远程监控，切实保证档案的安全。

◆流程设计

（1）标签初始化

档案管理人员按照数据编码格式的要求利用RFID打印机将数据写入电子标签，然后通过后台将标签数据与档案袋内的资料绑定，将电子标签打印出来粘贴在档案袋上，形成基础数据。

（2）档案中心

档案管理中心安装通道式读写器，可以批量读取出入库档案的信息，并将读取到的信息上传至后台，将库管员、领取交接人、交接时间等档案出入库信息自动记录下来，生成档案出入库报表，并自动与原始任务明细表进行比对。在档案出入库的过程中，如果读写器发现异常会自动发出警报，并与监控系统实现联动，这里所说的异常情况包括档案数据、信息有误或非法档案出入库等。

（3）使用单位交接

档案流转到其他单位后，如果数量不多，可以使用移动采集设备快速读取档案信息，并通过无线网络将档案信息上传至后台系统，待系统确认无误后快速完成交接。

（4）智能档案柜

智能档案柜可以面向档案的整个生命周期进行管理，涵盖档案生产、入盒、上架、下架、借阅、归还、销毁等环节，并将所有操作完整地记录在系统数据库中，可以切实提高档案管理效率。具体来看，智能档案柜的功能主要包括以下四个方面，如表4–6所示。

表4–6 智能档案柜的四大功能

功能	具体描述
自动存盘管理	智能档案柜的每个单元柜都安装了特制的RFID天线，这个天线可以很好地适应金属柜电磁环境，完整地读取柜内涉密资产，将获取的数据自动保存下来，并对柜内涉密资产的状态进行实时监控，保证涉密资产的安全，提高涉密资产的管理效率
高性能、高实用性	智能档案柜使用全球最先进的多路天线分支器，采用“一路接入、多路输出”的多天线分支方案（输出线路最多八路），辅之以高性能读写器，实现一对多的精准管理。这里的“一”指的是一台设备，“多”指的是最多32个单元柜。在这个方案中，每路天线识别的切换时间不能超过100毫秒，每个单元柜可以批量获取的标签有100多个，无论性能还是实用性都非常高

续表

功能	具体描述
适用性强	智能档案柜采用全金属结构，每个单元格都是一个独立的存储空间，都安装了高性能的读取装置，可以保存档案文件、移动硬盘、U盘、光碟等不同类型的档案，适用性非常强
多种保全措施	智能档案柜的每个单元柜都安装了独立的电子锁控，只有获得授权才能打开。另外，智能档案柜还配备了视频监控装置，企业可以自行设置报警策略，与现场报警设备联动，实现手机报警、网络报警等，切实保障档案安全

◆系统价值

RFID技术应用于档案管理系统有以下三大作用，如表4–7所示。

表4–7 RFID技术应用于档案管理系统的作用

作用	具体描述
提高工作效率	在RFID技术的支持下，档案可以批量出入库，档案信息可以直接通过通道读写器读取。在盘库阶段，可以利用移动采集设备对档案的RFID电子标签进行扫描，直接读取档案信息，清点档案数量。相较于传统的人工统计来说，RFID读取、统计的效率要高很多
提高准确性，降低错误率	过去，档案出入库、档案信息清点都要人工完成，不仅效率低，而且非常容易出错。在RFID技术的支持下，档案清单、档案出入库信息统计可以通过扫描RFID电子标签完成，可以大幅降低错误率，保证信息登记的准确性
提高安全性，降低风险	RFID技术可以提高档案流转过程中相关数据的透明度，在档案流转过程中实时更新数据，支持后台系统对档案的数据信息进行监控，保证档案安全。同时，在RFID技术的支持下，可以切实提高档案盘点的速度与效率，降低潜在风险

4.3 大数据档案管理

4.3.1 档案信息资源开发与利用

在信息化时代，记录企业生产活动、发展历史、企业文化、规章制度、技术研发、产品经营等信息的档案已经成为企业非常重要的信息资源，是企业非常重要的无形资产，在企业管理方面发挥了重要作用。随着企业不断发展，企业的档案数据越来越多，呈现出海量增长、动态变化的特征，如何对这些数据进行处理、利用，将在一定程度上影响企业的核心竞争力，大数据的核心价值进一步显现。在此形势下，档案资源的开发利用成为企业的一个重要课题，大数据技术为这一问题的解决提供了关键“钥匙”。

档案信息资源开发利用的最终目的就是为企业创造一定的经济效益。随着我国的现代化建设不断推进，档案信息的利用率越来越高，为企业经营、管理、建设、发展、决策等提供了重要支持。因此，对于档案管理人员来说，对企业的档案信息资源进行充分开发与利用，将档案信息转化为实际生产力是一项重要任务。

◆开发利用档案信息资源是充分发挥其价值的重要手段

档案信息资源的价值具有隐藏性，在开发利用之前不能称为信息资源，只有通过开发利用才能将潜在价值转化为真正的价值，创造出经济效益与社会效益。也就是说，企业只有合理开发利用档案资源，尤其是科技类的档案资源，才能将其转化为实际生产力，将其在市场经营中的作用充分发挥出来，为企业建设提供参照与指导。可见，在企业的档案管理中，开发利用档案资源是一件大事、要事。企业要通过开发利用档案资源，促使档案资源流动起来，在企业各部门之间实现充分共享，提高档案管理工作的水平与质量。

◆开发利用档案信息资源是企业档案事业发展的需要

实践证明，企业只有对档案信息资源进行充分开发与利用，将“死档案”变成“活信息”，满足需要者反复、连续、多角度、全方位的利用需求，才能将档案信息资源的价值充分发挥出来，将其转化为真正的生产力；才能提高企业管理人员及档案管理人员的档案意识，为档案管理及档案信息资源的开发利用提供强有力的支持；才能解决档案管理过程中的各种问题，推动档案管理工作顺利开展，对企业的经营发展产生积极的推动作用。从某种程度上来讲，档案信息资源的开发与利用是企业档案管理事业持续发展的关键。

◆企业的经营发展需要大力加强档案信息资源的开发利用

企业档案记录了企业的生产、经营、建设等活动，信息类型多、规模庞大。档案管理就是要根据企业的实际需求，对这些信息进行分类、整理、归纳、加工，将有价值的信息提取出来编辑成册，形成企业档案信息，为工程建设、经营管理、企业决策等提供参考与指导，保证企业的各项决策贴合市场、科学合理，从而为企业创造更多经济效益。

4.3.2 利用大数据打通信息孤岛

随着大数据快速发展和广泛应用，我国制定了大数据发展战略，提出利用大数据改变信息利用方式，打破信息孤岛，建立完善的公共服务机制的设想。在此形势下，企业的档案管理部门要尝试利用大数据技术，改变传统的档案数据孤立存储的方式，打破档案数据之间的隔阂，推动档案数据相互流通、交互。同时，企业要利用大数据技术创新档案数据体系建设方法和思路，为后续的档案数据管理奠定良好的基础。

进入信息化时代以来，数据信息的汇总、分析、存储等方式发生了极大的改变，呈现出“三多”的特点，即多维度、多渠道、多元化，在一定程度上增加了档案管理的难度与成本，大数据技术的应用为这一问题的解决提供了有效思路。在大数据技术的支持下，信息提供者可以自由更新数据，对数据进行上传或下载，扩大数据信息的共享范围，充分挖掘数据的潜在价值。基于以上优点，大数据技术应用于档案管理可以改变档案信息的使用方式，通过搭建大数据平台对档案信息进行整合，改变档案信息的归属，提高档案信息的开放水平。

例如，企业不同部门可以利用大数据平台整合信息，员工可以登录大数据平台获取自己需要的数据，为数据的交互共享提供一个便捷渠道，将档案数据的作用充分发挥出来。在实践过程中，企业可以从以下几个方面着手做好档案管理，如表4-8所示。

表4-8 企业开展档案管理的三大措施

序号	具体措施
1	建立统一的数据平台，支持不同部门的员工通过固定的访问端口获取数据，从而实现档案数据在企业内部的共享
2	以该平台为基础建立档案数据共享制度，对档案共享行为进行规范，细化档案数据的共享流程、共享内容以及应急处理办法，保证档案数据可以以科学合理的方式共享，促使各类档案信息实现有效整合
3	企业要做好评估，对档案信息大数据平台的运行效果进行测评，在测试环节发现问题要及时反馈，深入探究问题发生的原因，从而打破信息孤岛，提高档案信息利用质量

4.3.3 信息化推动企业档案工作创新

对于企业来说，档案是非常重要的核心信息资源，是重要的生产要素，也是重要的企业资产。档案覆盖了企业方方面面的信息，延伸到了企业生产、经营、管理、发展的各个领域。从本质上看，档案就是具有凭证价值的原始记录，可以为需要者提供最原始的信息，还可以作为学习资源，对企业发展有着重要影响。企业可以通过开发利用档案信息资源实现固本强基，谋求更好的发展。

但在进入信息化时代之后，为了适应信息社会的发展趋势，企业的档案管理开始向信息化的方向发展，越来越多的企业开始建设信息化档案，创建档案信息网络，对馆藏档案资源进行数字化改造，提高档案资源的共享水平，不断扩大档案资源的服务对象，创新档案管理方法。通过这一系列行为，企业可以切实提升档案信息资源的利用水平。

进入大数据时代以来，数据已经成为经济社会发展的重要资源，数据的开发利用能力越强，社会的创新能力就越强。档案信息化完成后，档案管理人员可以利用信息检索、分析和挖掘技术对档案信息进行分类，围绕某一个问题区域形成档案数据合集，提取专业知识，为企业发展决策提供支持。近几年，云计算在档案管理及档案信息服务领域的广泛应用也为档案的开发利用提供了新方法。云计算与大数据相互配合，可以有效降低档案管理成本，缩短档案信息的流通时间，切实满足用户对各类档案信息的需求。

随着数字档案建设战略不断推进，档案数据越来越多，这些数据的挖掘利用离不开大数据技术的支持。在档案大数据背景下，档案管理人员必须学会利用一定的技术提取档案中的关键信息，满足不同用户对档案信息的需求。这里的技术主要指文本数据挖掘技术，该技术可以对文本数据进行分类、整合、压缩，从中提取有价值的信息，帮助用户缩小数据搜索范围，从而提高档案数据的利用效率及数据挖掘的准确度。

例如，枣矿集团柴里煤矿利用大数据技术对近20年的采场设计图纸、档案进行分析，寻找遗漏资源，在三年内回收边角煤炭160余万吨，解放火区储量460余万吨。如果采用传统的档案数据分析方法，很难发现这些遗漏资源。除此之外，煤矿还根据档案数据分析结果成功规避地质条件的影响，制定了更有针对性的开采战略，为企业创造了更多的经济效益。由此可见，大数据应用于档案资源管理可以创造出巨大的价值。

CHAPTER 5 印章管理

5.1 企业印章管理

5.1.1 企业印章的分类与功能

企业印章一般指“用作取信之物的图章”，是企业身份的象征，代表了企业的诚实信用及真实意愿。在对外活动中，企业印章是一种能够代表企业表达意见的法律凭证。

◆企业印章的类型

企业印章大致有以下六种，如表5-1所示。

表5-1 企业印章的六种类型

类型	功能
企业行政章	又叫作企业公章，指的是刻有企业法定名称，能够对外代表企业的印章
企业合同专用章	对外签订合同加盖的印章
财务专用章	企业财务核算和银行业务结算需要加盖的印章
法定代表人印章	刻有企业法定代表人姓名的印章

续表

类型	功能
非法人印章	刻有企业内部职能机构名称的印章，例如某项目部印章、某部门印章，或者是刻有以企业名义成立的非法人单位的印章
电子印章	利用数字技术对实物印章进行模拟，与实物印章的外观相同、效用相同、使用方法相同，主要用在数据电文中，主要功能在于识别用印人的身份，表明用印人对文件内容的认可

◆企业印章的功能

印章主要有两大功能，一是象征功能，象征用印人的权力与等级；二是证明功能，证明用印人的身份和行为。随着时代不断发展，印章的象征功能逐渐减弱，证明功能变得越发重要。具体来看，企业印章的功能主要表现在以下三个方面，如表5-2所示。

表5-2　企业印章的三大功能

功能	具体内容
确认法律行为的功能	企业实施法律行为时，相关书面文件必须加盖企业印章。企业印章确认法律行为的功能主要表现在以下三个方面：第一，表明文件内容是特定主体所表达的；第二，表明文件内容可以产生法律效力；第三，表明印章所有者愿意为文件内容承担法律责任
识别行为主体的功能	书面文件加盖企业印章，不仅可以表示文件内容是法律主体意见的表达，而且可以明确法律主体的身份
授权功能	印章所有人将印章交给他人使用，表示授予对方代理权

5.1.2　企业印章管理的主要难点

企业印章一般采取专门保管模式，但只要有人参与，就有可能出现一些问题，例如印章丢失、保管人利用印章徇私舞弊等，给企业经营管理带来一定的风险。目前，企业印章管理难点主要集中在印章使用人难确认、使用过程难追溯两个方面。对于很多企业来说，如何提高印章管理水平及使用效率是一大难题。具体来看，企业印章管理的难点主要表现在以下五个方面，如表5-3所示。

表5-3 企业印章管理的五个难点

难点	具体表现
印章种类多	企业在经营过程中经常需要刻制印章，时间越长，印章种类、数量就越多。有些时候，有些专门为业务开展刻制的印章，在业务结束后需要销毁，如果只采取人为管理、手工登记，很容易发生错误
用章分散	如果企业规模比较大，分公司遍布全国，总部无法实时获知分公司的用章情况，只能听取汇报，也无法采取有效的手段进行管理，很容易出现用章分散的问题
合同管理混乱	企业规模越大，业务越多，涉及的文件、合同也就越多。如果企业没有建立合同档案库，没有开展档案管理、电子档案归档等业务，就会出现合同管理混乱的情况，在需要某一份合同时往往需要投入很多精力翻找、查询
印章外带	在前往工商、银行、税务等机构办理相关事宜时，或者在合同谈判过程中处于弱势地位时，往往会被要求携带公司印章前往，现场盖章。在这种情况下，企业印章处于无监管状态，很容易出现问题，例如贸然出现一份加盖了企业印章的非法合同，会给公司带来严重损失
违规用章	企业印章主要由人管理，如果印章管理人员专业水平不高，没有及时、精准地识别合同中的风险条件，在不该加盖印章的合同上加盖印章，或者印章管理人员的法律意识淡薄，为了满足个人私利私自用章，都会给企业带来一定的风险

5.1.3 企业印章管理的常见误区

（1）印章刻制没有清晰明确的流程，没有规范的审批程序，没有正式的启用文件，没有对印章的使用范围与使用时间做出明确规定。

（2）印章刻制没有在公安机关备案，没有在公安机关指定的地方刻制，埋下隐患。

（3）一些企业没有制定完整的印章管理制度，印章未经审批就投入使用。印章保管人在盖章时没有对用印材料进行严格审查，随意在空白纸张或文件上盖章，或者让印章离开自己的视线，将印章交给他人代为盖章，甚至在没有监管的情况下允许他人携带印章外出，导致印章丢失，给企业带来很大风险。

（4）一些企业没有创建统一的印章使用台账，用印人申请盖章时只需要向领导提交一页纸用于审批，领导审批用印的签批单交由办公室保存，非常容易丢失。另外，有些单位虽然创建了统一的印章使用台账，但提交给领导的用印申请却没有明确填写用印事项和用印人，这类文件没有追溯价值，依然有可能给企业带来法律风险。

（5）个别企业没有形成完善的印章保管制度，印章保管人由领导随意指定，印章丢失或者被盗后不及时报告、报案、登报发表作废声明，为后续用印留下潜在隐患。

（6）有些企业允许其他企业挂靠，但在挂靠前没有对挂靠企业的资质进行详细审查，甚至允许挂靠企业随意用印。一旦挂靠企业出现问题，企业就要承担相应的法律责任。

（7）一些企业没有对项目部印章管理给予足够的重视，没有意识到项目部印章管理对企业的重要性，没有制定科学的印章管理规范，没有对印章的使用范围与审批程序做出明确规定，没有创建项目部印章使用台账，一旦发生问题无法追溯用印人，从而给企业带来较大的法律风险。

（8）企业发现自己的印章被仿冒后没有采取正确的处置措施，放任不管，留下巨大的安全隐患，给企业带来巨大的损失。

（9）在分公司、个别部门或项目部撤销后，公司没有及时收回印章，导致印章流失，给企业带来潜在的法律风险。

5.1.4 企业印章真伪的鉴别方法

在企业印章管理中，私刻印章、“萝卜章”问题一直存在。这些假章不在企业的管理体制内，但用章所产生的风险却要企业承担，风险巨大。那么，如何识别印章的真假呢？企业印章鉴别可以采用以下几种方法，如表5-4所示。

表5-4 企业印章鉴别的五种方法

鉴别方法	具体操作
看字体	根据相关规定，公司印章必须使用宋体字。如果对方加盖的印章不是宋体字，就有假冒的嫌疑
看颜色	受印章材质以及盖章时下压力度的影响，文件上的公章印记颜色往往不匀，而电脑制作的印章颜色一致，且颜色更加鲜亮
看形状	一看字的形状，二看周围圆圈的形状。首先，无论印章的外形是椭圆形还是圆形，虽然字不是横平竖直，但每个字单独看起来都是长方形，非常规矩，不会扭曲，也不会呈现出梯形。其次，印章周围的圆圈有一定的宽度，而且边缘不平滑，因为蘸取印泥或者盖章时的力度不均，圆圈可能有一些小缺口、小棱角或者小空白。电脑制作的印章则没有这些问题
看角度	虽然盖章时人们都力求端正，但实际操作中总会出现一些偏差，尤其是圆形印章，很难保证100%端正。但电脑制作的印章可以做到100%端正
看位置	一般情况下，真印章会盖在公司名称上，电脑制作的假印章会盖在空白处，因为如果假印章盖在文字上就会遮挡住纸张上的文字。但有些假印章制作水平非常高，也会盖在文字上。对于这种情况，相关人员要认真审查印章上的字与纸张上的字是否重合。真印章上的字与纸张上的字重合之后，纸张上的字可以透过油墨显示出来，但电脑制作的假印章会完全遮盖纸张上的字

5.1.5 【范本】企业印章管理制度细则

第一章 总则

第一条 为维护公司各类印章刻制、保管以及使用的合法性、严肃性和安全性，从上市公司运作规范需要出发，避免印章管理出现不规范行为，有效地维护公司利益，特制定本办法。

第二条 本制度所指印章，包括公司行政印章、公司法人代表印章、总裁私人印章、财务总监印章、公司财务专用印章、公司发票专用章、工会行政印章、工会主席印章、工会财务专用印章、分公司印章。

第三条 本办法适用于公司各部门、各办事处及各分公司的公文、便函、授权委托书、介绍信、证明、证件、证书、统计报表及对外签署的合同、协议及其他需用印章的文本等。

第四条　印章的使用，必须严格执行我公司印章使用管理规定，凡不符合本办法的，一律不得用印。

第五条　公司行政印章、总裁私人印章、工会行政印章、工会主席印章由综合部负责管理和使用；公司法人代表印章、公司财务专用印章、财务总监印章、工会财务专用印章、公司发票专用章由公司财务部负责管理和使用；分公司印章由各分公司自行保管。上述印章外的其他印章由公司总裁授权各相关部门管理和使用。

第二章　印章的使用范围

第六条　总公司印章的使用范围

（一）公司行政印章：使用于以公司（分公司、办事处）名义上报行政机关，省、市、区政府部门的重要公函和文件，以公司（分公司、办事处）名义出具的证明、函件及下发的各类内部文件，以公司（分公司、办事处）名义签订的各类协议、合同等有法律约束力的文件。

（二）公司法人代表印章：使用于由公司法定代表人签章的文件、合同、法人代表授权委托书、统计报表、财务支票汇票等。

（三）公司财务专用章：使用于公司（分公司、办事处）财务部开具的支票汇票及其他财务凭证等。

（四）工会行政印章、工会主席印章：使用于以工会名义出具的公告、报告、文件、函件等。

（五）工会财务专用印章：使用于工会财务开具的支票及其他工会财务凭证等。

（六）总裁私人印章：使用于需总裁签字盖章的文件、公函等。

（七）财务总监印章：使用于公司对外报送财务相关资料性文件等。

（八）公司发票专用章：使用于公司对外开具发票等。

第七条　分公司印章使用于以分公司名义签订的一般日常业务文件、

出具的证明等。

第三章 印章的刻制

第八条 总公司所有印章的刻制由公司综合部统一办理。需刻章的部门应填写《××××有限公司印章刻制申请表》，报公司总裁批准后，由公司综合部根据法律法规程序按具体规格要求统一刻制。

第九条 分公司印章的刻制根据法律法规相关要求向总公司提出刻章申请，经总公司总裁审批通过后方可按程序办理。

第十条 公司及分公司、办事处的其他任何部门和个人均不得私自刻制公司各类印章。

第十一条 新印章要做好戳记，并由综合部留样保存，以便备查。

第四章 印章的使用

第十二条 总公司行政印章的使用规定

（一）以公司名义对外发出的公文（如向政府机关提请的报告、公司股东会决议等重大文件）由经办人填写《公司行政印章用印申请单》，经部门经理签字、总裁批准后由综合部对文件原稿用印。业务专用授权委托书由经办人填写《公司行政印章用印申请单》，经部门经理签字、分管领导批准后由综合部负责用印，其他授权委托书由总裁批准后综合部负责用印。

（二）对外签署的业务合同或协议，由经办人填写《公司行政印章用印申请单》，经公司副总裁或总裁批准后综合部负责对文件原稿用印。

（三）公司对外提交的各类业务报表（财务报表、统计报表），由申请人填写《公司行政印章用印申请单》，经申请人部门经理审核签字，报分管领导或公司总裁审批签字后由综合部负责用印。

（四）公司开具的便函（例如：放行条）、证明（例如：在职员工证明、收入证明）、需用公司资质材料复印件加盖公章的，由申请人填写用印登记本，经申请人的部门经理审批签字后由综合部负责用印；员工离职手续办理中需用公司行政印章的文本，由人力资源部人事专员填写用印登记本，经人力资源部经理审批签字后由综合部负责用印。

（五）使用公司工会行政印章、工会主席印章的，由综合部自制用章登记表，由申请人填写后，经申请人部门经理审批签字后，由综合部负责用印。

（六）使用总裁私人印章的，由综合部自制用章登记表，经申请人所在部门经理审核签字后，由综合部经理审批使用。

（七）财务人员依日常工作权限及常规工作内容使用公司财务专用印章、法人代表印章、财务总监印章、工会财务专用章的，由财务部自制用章登记表经财务经理审批后使用。

（八）上述未规定事项的印章使用审批程序，至少由申请用章部门经理审批，综合部根据实际情况审核申报后方可用印。

（九）需要用印的部门按用印材料的名称、份数、事由及所需印章名称填写《公司行政印章用印申请单》后，根据以上用印审批程序申请用印。

（十）外单位人员用印，须由相关部门经办人陪同，由经办人按相关程序申请办理用印手续后方可用印。

第十三条　公司各办事处、分公司使用总公司印章、分公司印章的规定

（一）公司各办事处、分公司需使用总公司行政印章时，需要认真填写《各办事处、分公司使用公司行政印章用印申请表》，由用印人的办事处或分公司经理签字后随同用印文件一并邮寄回综合部，经综合部审核无异议后按相关流程进行办理。

（二）若办事处或分公司直接向总公司索要相关用印资料，需事先以

邮件方式发送说明用途，经综合部经理确认后，综合部工作人员方可为相应办事处/分公司准备用印资料并安排邮寄。事后办事处或分公司工作人员需补交《各办事处、分公司使用公司行政印章用印申请表》一份，邮寄回总公司综合部。

（三）分公司印章的使用由分公司工作人员根据实际情况打印《分公司印章用印登记表》，认真填写分公司用印记录，并于每月底统一将用印记录原件邮寄回总公司综合部备案，各公司保留复印件存档。

第五章　印章的管理

第十四条　印章的管理

（一）公司行政印章由综合部经理负责直接用印。综合部经理不在公司时，可委托专人用印，并办理印章交接手续。

（二）各部门借用公司行政印章到公司外用印时，必须由借章经办人在综合部经理处的《公章借出登记本》上进行登记，认真填写借章时间、借章人、事由等事项，由总裁审批签字后方可借出公章。公章在借出时间内，须由一人以上随同监印，并于当天下午5:30以前将印章归还到综合部。

（三）公司各类印章分别由部门经理指定专管人员保管并按规定使用。每天上下班，应仔细检查所保管的印章是否安全上锁，若发现意外情况应立即报告相关领导。工作时间印章专管人员因外出不在岗位时，应将印章妥善保管。

（四）印章专管人员因事、病、休假等原因不在岗位时，应事先指定他人代管，专管人员要向代管人员交接工作，交代用印时的注意事项。专管人员正常上班后，应首先向代管人员索取回印章，并妥善保管。

（五）印章专管人员要坚持原则，遵守保密规定，严格照章用印。

（六）未按批准权限用印或用印内容有误的，印章专管人员不予用印；经办人拒绝专管人员审核用印内容的，专管人员可拒绝用印，或报告领导处理。

（七）印章专管人员不得擅自用印，一经发现，严肃处理。

（八）因特殊原因需要停用印章的，由总裁决定并签字同意，由综合部将停用原因、停用时间通知公司各有关部门，并将收回停用的印章切角封存或销毁。

第六章　用印规范

第十五条　用印的规范

（一）用印及盖章位置要准确、恰当，印迹要端正清晰，印章的名称与用印件的落款要一致，不漏盖、不多盖。

（二）介绍信、证明信如有存根，要在落款和间缝处一并加盖印章。

（三）不得在空白表格、介绍信、空白便函、空白证件上用印。

第七章　附则

第十六条　本办法由综合部负责拟定并适时进行修改，报总裁批准后自颁布之日起实施。

5.2　企业印章使用管理

5.2.1　不同印章的使用管理制度

不同类型的企业印章要遵循不同的管理制度，具体分析如下。

◆公章使用管理制度

企业公章使用要遵循一定的制度，如表5–5所示。

表5–5　公章使用管理制度

序号	管理制度
1	总经理指定专人负责管理公章，并授予管理人公章使用权。公章使用需要登记，登记表需要经办人签字确认

续表

序号	管理制度
2	以企业名义发布的文件在加盖公章之前，需要经总经理审阅批准，并按规定办理登记手续
3	企业公章不能外借，公章保管人不在时，总经理要重新指定一人代为管理，双方要做好交接
4	企业员工在办理取款、取物、挂失等事情时需要企业介绍信，并加盖企业公章，在盖章之前要提交总经理批准，并按规定办理登记手续
5	任何人不得以任何理由要求在空白文件上加盖公章
6	无论何人只要私盖公章，或者利用公章谋取私利，一经发现必须严惩

◆合同章使用管理制度

合同章使用要遵循一定的制度，如表5-6所示。

表5-6　合同章使用管理制度

序号	管理制度
1	合同专用章由财务部委派专人保管，不得外借，如果因违反规定造成严重后果的，印章保管人要负全部责任。如果印章遗失，保管人要及时向上级领导报告
2	在授权范围内洽谈的合同，需要提交总经理批准，总经理同意之后才能视为成立，才能由法定代表人审核签字，到财务部盖章。在盖章之前，需要办理登记手续，并进行登记备案。如果没有获得总经理批准，没有经过法定代表人审核签字，不能盖章，否则一切损失都要由当事人承担，甚至要追究刑事责任
3	无论何人只要私盖合同章，或者利用合同章谋取私利，一经发现必须严惩

◆财务专用章、法人章使用管理制度

财务专用章、法人章使用要遵循一定的制度，如表5-7所示。

表5-7　财务专用章、法人章使用管理制度

序号	管理制度
1	财务专用章和法人章由财务负责人保管、使用，不能交给银行出纳员保管、使用
2	正常的财务活动以外的其他事项，如果要加盖财务专用章或法人章，必须经财务负责人报请公司，获得总经理批准，并按规定办理登记手续，然后才能盖章
3	任何人不得以任何借口在空白文件上加盖财务专用章和法人章，违规用章行为一经发现必须严惩

◆发票专用章使用管理制度

发票专用章由会计人员保管、使用，主要用来加盖增值税专用发票。财务部门收到货款之后，对购货方“一般纳税人资格证书”进行验证，验证无误后开具增值税专用发票，并加盖发票专用章。

5.2.2 企业印章的使用管理程序

用印人申请使用印章要遵循以下流程，如表5-8所示。

表5-8 用印人申请使用印章的流程

流程	具体内容
填写《用印申请单》	用印人要填写《用印申请单》，一份盖章材料附带一份申请单。《用印申请单》必须是原件，并且要由部门经理级别以上的人员签字。如果是复印件或传真件，必须电话确认申请单的真实性。确认无误后，提交总经理签字，然后由印章保管人加盖印章。如果没有总经理签字，而且急需盖章，印章保管人可以通过电话向总经理请示，获得总经理同意后加盖印章，事后请总经理在《用印申请单》上补签字。各部门要对《用印申请单》的复印件进行妥善保存，以便印章保管人对部门的盖章情况进行核实
保管人进行盖章	印章保管人要亲自对需要加盖印章的材料盖章，不能将印章交给他人，他人也不能擅自拿取印章盖章
提供盖章材料复印件	盖完章后，印章保管人要保留一份用印材料的复印件，复印件上必须有用印人的签字。如果用印人没有准备复印件，印章保管人可以在公司复印，然后给用印人签字
用印人填写《专用章盖章登记表》	用印人必须如实填写《专用章盖章登记表》，不能伪造任何信息
保管人核实相关材料	印章保管人要核实《用印申请单》、《专用章盖章登记表》、用印材料，确定无风险后加盖印章，将用印材料返还给用印人，同时以邮件形式将盖章信息传送给用印人的主管、经理，并抄送给分区经理、区域经理
留存、记录	所有加盖印章的文件必须留存电子档，并且要做好记录

5.2.3 企业印章保管的具体措施

◆建立日常保管制度

企业印章管理要建立日常保管制度，如表5-9所示。

表5-9 企业印章日常保管制度

序号	保管制度
1	公司印章采取分级保管制度，不同的印章交给专人保管，并对印章保管人的职权做出明确界定，印章保管人不能擅自将印章委托给他人
2	各类印章要妥善保管，防止遗失、被盗、损毁

◆明确保管人责任

企业印章管理要明确保管人的责任，如表5-10所示。

表5-10 企业印章保管人责任

序号	保管人责任
1	印章保管人要对印章进行妥善保管，一旦发现印章遗失，必须立即向领导汇报，并在第一时间报警
2	印章保管人必须按照公司的用印规范使用印章，如果用印人没有履行相应的程序，不能擅自为其用印
3	在用印过程中，印章保管人要对印章使用单签署情况以及用印材料进行详细审查，如果发现用印材料存在问题要及时向领导反馈，不能私自用印
4	检查印章使用与用印内容是否一致，一致则用印，不一致则退回
5	如果印章保管人因违规使用印章，给公司造成一定经济损失，要接受惩罚。如果情况严重，甚至要承担刑事责任

◆专人管理公章的注意事项

专人管理指的是公司安排专门的部门或员工管理公章，并围绕公章管理与使用制定相应的制度与规范。

一般来说，小企业的公章直接由法定代表人管理。如果法定代表人是公司股东，由法定代表人管理公章更加稳妥。因为法定代表人在很大程度上代表企业，而企业利益与股东利益基本一致，因此公章交由法定代表人保管更加稳妥。

大中型企业的公章管理一般交由专人负责，一旦公章使用不当很容易追查到责任人。为了保证公章使用的规范性，最好将公章交由行政职能部门或者行政人员管理。如果将公章交给销售或者采购人员管理，他们可能为了谋取私利随意使用公章，给企业带来较大的风险。

5.2.4 企业印章使用管理的相关规定

◆盖章材料要求

盖章材料必须是原件，且字迹清晰，没有错别字，内容填写完整，没有空白未填写的部分，不能在复印件或传真件上加盖印章。如果用印人提交的材料不符合要求，可以拒绝盖章。

◆用印时间与地点

用印的时间与地点要符合规定，如表5–11所示。

表5–11 用印时间与地点

序号	具体规定
1	各种专用章要妥善保管，用印人最好在工作时间内提出用印申请，如果要在非工作时间用印，需要先通过电话向总经理申请，由总经理确定时间和地点，由印章保管人盖章
2	一般来讲，最好不要将印章带出办公区域

◆印章的保管

印章保管要遵循一定的规定，如表5–12所示。

表5–12 印章保管规定

序号	具体规定
1	印章的日常保管要放在带锁的文件柜或保险柜中，印章保管人要确保只有自己能够控制印章，以免印章在自己不知情的情况下被他人私自使用，造成不良后果由自己承担

续表

序号	具体规定
2	在使用期间，印章保管人要将印章放在自己可以控制的范围内，用完印章必须立即收好
3	在办公时间内要确保至少有一位印章保管人在公司负责盖章，如果遇到大型聚会或其他事宜，印章保管人必须外出时，总经理需要提前做好安排
4	未经许可，非印章保管人不能私自盖章，否则非印章保管人与印章保管人都要承担责任

◆处罚规则

印章保管或使用不当要接受一定的处罚，具体规则如表5-13所示。

表5-13 用印不当的处罚规则

序号	处罚内容
1	印章保管人私下自用、外借、丢失印章，处罚款××元
2	印章保管人无正当理由拒绝盖章，给业务的正常开展造成不良影响的，处罚款××元
3	印章保管人对空白材料盖章，处罚款××元
4	由于保管人的原因导致用印人自己盖章的，处罚款××元
5	保管人私自将公章带出办公区域，处罚款××元
6	保管人没有妥善保管印章，造成不良后果的，处罚款××元
7	保管人没有按照用印程序盖章，处罚款××元
8	违反用印规定给企业造成不良影响的，处罚款××元

◆印章的使用监督

（1）每月固定日期对印章使用情况进行核对、通报。

（2）对于违反上述规定的人员处以罚款，并明确罚款的归属。

◆其他规定

（1）不能私刻印章，同一类型的印章最好只有一个，以免使用时发生混乱。

（2）创建电子化报审体系，对所有加盖印章文件的电子文档进行妥善保存，报审人员、审批人员、盖章人员都要记录在案，以便产生纠纷时对用印情况进行追溯。

（3）废弃印章要及时销毁，不得随意丢弃，以免被有心之人拿走滥用。

（4）如果印章丢失或损毁，印章保管人要第一时间向领导汇报，通过登报声明或公示催告等方式对外公示，依法刻制新印章。

5.2.5 【图例】企业印章使用管理流程图

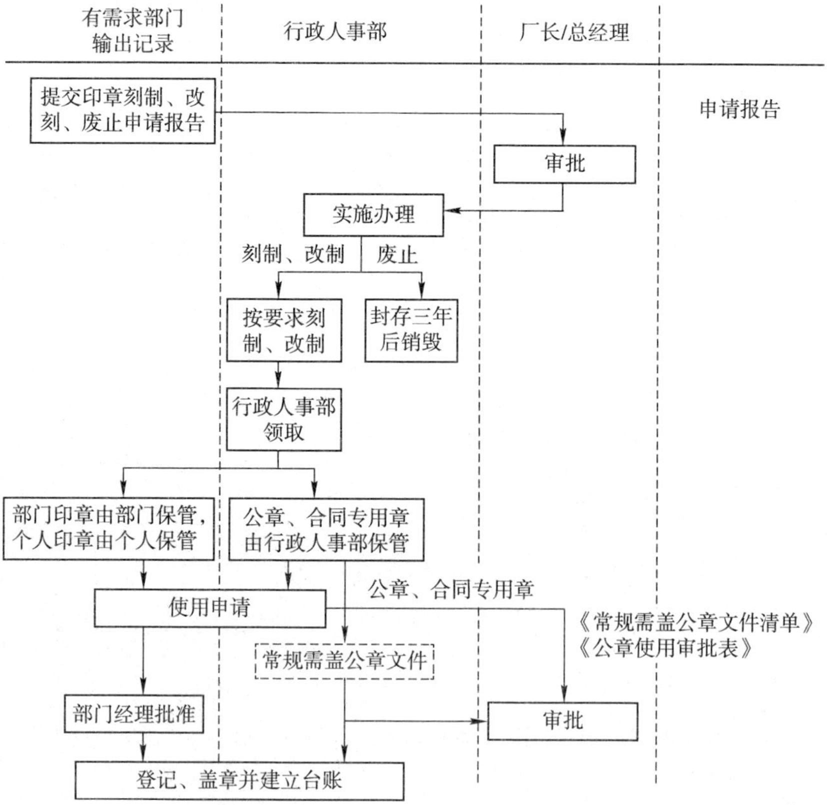

5.3 印章风险及防范

5.3.1 企业印章管理存在的风险

在企业印章管理过程中，印章刻制、启用、保管、使用、停用等各个环节都有可能发生风险，下面对这些风险进行归纳梳理，如表5-14所示。

表5-14 企业印章管理面临的风险

风险类型	具体内容
印章刻制风险	印章刻制流程不清晰，没有审批程序，领导或部门可以随便刻制印章； 未在公安机关指定单位刻制印章，印章刻制之前没有在公安机关备案
印章启用风险	未经公司领导或部门领导审批就私自启用印章； 没有完成启用程序就交接使用，也就是在印章使用之前没有下发正式的启用文件，没有明确印章的使用范围和使用时间
印章保管风险	公司没有设置专门的机构保管印章，导致印章滥用、盗用事件频频发生，或者因为印章保管人职位调动或离职，导致印章保管出现空档期，无人监管； 印章保管地点不安全，无关人员可以轻易拿到印章并使用； 印章被随意带离公司，没有经过审批，也没有人监管； 印章遗失后或被盗窃后不及时上报领导知晓，不及时到公安机关报案，不主动登报作废
印章使用风险	用印人未经允许擅自盖章，或者先盖章后补交申请； 印章管理人员对用印材料审核不严，被用印人浑水摸鱼，在其他材料上盖章，或者在空白材料或合同上盖章； 印章管理人员将印章交给用印人，由用印人私自盖章； 没有创建印章使用台账，没有原始的审批记录，没有对用印人、办理事项、用印时间进行记录； 一些公司为了获得更多经济利益，允许不具备资质的企业挂靠，甚至允许挂靠企业使用公司印章，在这种情况下，一旦挂靠企业出现问题，公司也要承担连带责任； 公司没有对印章的使用范围和审批程序做出明确规定，没有安排专人管理印章，没有创建印章使用台账，可能会面临较大的风险
印章停用风险	停用的印章要及时销毁，如果没有及时销毁，流失出去，可能被人挪作私用，给企业带来一定的损失； 印章被盗、遗失没有及时报案、登报作废

5.3.2 企业印章丢失的补办程序

一般来讲，刻制公司印章需要税务登记证副本、营业执照副本、法人身份证，先到当地的公安机关登记备案，拿到公安机关开具的证明后到指定地点刻制印章。刻制印章时需要提供上述材料的原件及复印件。

那么，如果印章丢失应该怎么办呢？具体来说，企业需要采取以下措施，如表5-15所示。

表5-15 企业印章丢失的补办流程

序号	具体流程
1	法人代表持身份证原件及复印件、工商营业执照副本原件及复印件到印章丢失地的派出所报案，并领取报案证明
2	持报案证明原件及复印件、工商营业执照副本原件及复印件前往市级以上的报社，在每日发行的报纸上刊登公章作废声明。具体在哪家报纸上做刊登声明，企业可以咨询当地的工商局。需要注意的是，在刊登公章作废声明时，很多报社都会要求企业全体股东到场签字。为了保证这一环节能够顺利完成，企业要提前了解报社的相关规定
3	持工商营业执照副本复印件、法定代表人身份证复印件2份、企业出具的刻章证明、法人委托授权书、所有股东身份证复印件各1份、股东证或者工商局打印的股东名册、派出所报案回执及登报声明的复印件到公安局治安科办理新刻印章备案
4	办理好新刻印章备案后，按公安局治安科的要求刻制新印章，新印章可以与原有的印章有所差异，但差异不能太大

需要注意的是，如果企业股东、董事长与总经理之间发生冲突或矛盾，引发印章争夺战，导致企业运营陷入僵局，那么在这种情况下，公安机关一般不会办理印章丢失备案，其他股东无法拿到公安机关出具的证明重新刻制印章。即便拿到证明重新刻制印章，新印章与旧印章也具备同等的法律效力，仍然无法解决企业面临的问题。

5.3.3 企业印章管理的风险防范措施

◆印章刻制风险的防范措施

（1）公章刻制需要获得法定代表人及出资人的审批，持企业营业执照副本、法定代表人身份证等材料到公安局登记备案，拿到公安局出具的证明后到指定单位刻制。

（2）其他印章的刻制需要由用章单位或部门向企业提交申请，获得审批后由印章管理部门到公安机关办理相关手续，再到指定单位刻制。

◆印章启用风险的防范措施

（1）印章刻制完成后，印章管理部门要做好新印章戳记，并妥善保存，以便备查；

（2）新印章启用之前要向主要负责人提交申请，下发正式启用文件，明确印章发放单位、适用范围及使用时间之后再正式启用。

◆印章使用风险的防范措施

（1）企业要制定印章管理规定，明确印章管理部门、各部门的印章管理职责以及印章刻制流程，做到有规可依、有章可循。

（2）企业要创建印章使用台账，制定《印章使用申请表》，表中要注明申请人、申请事由、申请时间、用印材料内容、份数及主管领导审批意见等。用印人必须按照印章管理规定提交申请，经领导批准后才能用印，并且要做好登记。

印章保管人在加盖印章之前要对用印文件的内容、用印次数进行审查，审查无误后才能用印。印章保管人必须亲自加盖印章，不能将印章交给他人，更不能让印章离开自己的视线。

（3）印章保管人要做好印章保管工作，用印之前必须得到领导审批，如果没有特殊情况不要携带印章外出，如果必须携带印章外出的，要有监印人陪同。如果印章遗失，要第一时间向公安机关报案，获得报案证明，并在公安机关指定的报刊上刊登遗失声明。

（4）一般情况下，严禁在空白纸张、单据、合同、介绍信上加盖印章。如有特殊情况，必须在空白文件上加盖公章的，必须先征求领导同意，并在《公章使用登记表》上注明文件份数，待文件内容确定之后，再进行核准登记。如果加盖印章的空白文件没有使用，用印人要将文件退回企业，并做好登记。

（5）对于项目部印章、部门印章，企业要建立用章审批制度，对印章的使用范围做出明确规定，严禁在对外合同、对外承诺、证明等材料上加盖这类印章。

为规避代理风险，可以对印章的形状、图案内容、印泥颜色进行特别设计，例如项目资料章、技术章可以设计为菱形，印章内容可以注明“本印章仅用于收发材料，用于其他目的无效”，印泥颜色可以使用蓝色、紫色等除红色以外的颜色。如有必要，企业可以向利益相关方告知印章使用范围与用途。

（6）如果遇到仿冒的企业印章或者部门印章，印章管理部门要及时将相关情况向公司管理层汇报，并向公安机关报案，依法追究仿冒人的法律责任；然后在报纸上发布澄清声明，并通知潜在客户；如果仿冒是合同用章，要及时通知合同的另一方，说明情况，解除合同。如果对方不配合，企业可以向当地法院提交申请，由法院判定合同无效，自动解除合同。

◆企业印章停用风险的防范措施

企业裁撤某部门或关闭某项目部之后，印章管理部门要回收部门印章或项目部印章，接收用印记录；企业下属的某分公司注销后，企业要回收该分公司的所有印章，包括行政印章、合同专用章、财务专用章、负责人名章等，接收用印记录。印章回收之后，企业印章管理部门要会同法律部门将印章统一销毁，用印记录按规定存档。

5.3.4 企业印章法律实务

◆不同的印章是否有法律效力大小的区别

严格来讲，不同印章的法律效力没有太大的区别，只要符合法律规定，且能够表达出真实明确的意图，印章就具有法律效力。只不过因为印章使用范围不同，导致人们认为印章的法律效力也不同。

在各种印章中，公章的使用范围最广，而且代表了法人权利。按照现行的立法与司法标准，判断一项民事活动是否成立，关键就是看是否加盖了公章。除法律规定的特殊情况外，公章就是法人意志的代表，对外签订合同或法律文件加盖公章之后，就会具备极高的法律效力。除此之外，公章还经常用在以公司名义发出的信函、公文、合同、介绍信、证明或其他公司材料上，以体现公司意志。基于这些特点，公章往往被认为法律效力最高。

◆公章可以代替合同专用章吗

公章可以代替合同专用章。在签订合同或协议的过程中，公章的法律效力与合同专用章的法律效力相同。根据最高人民法院《关于在审理经济纠纷案件中涉及经济犯罪嫌疑若干问题的规定》，公章与合同专用章可以并列使用，说明在签订合同这一场景中，公章与合同专用章效力相同，可以代替合同专用章。

◆什么情况下不能使用电子印章

根据法律法规的相关规定，以下情形不能使用电子印章：

（1）涉及婚姻、收养、继承等人身关系的；

（2）涉及土地、房屋等不动产权益转让的；

（3）涉及停止供水、供热、供气、供电等公用事业服务的；

（4）法律、行政法规规定的不适用电子文书的其他情形。

◆合同上没有加盖合法有效的公章但有法定代表人签字，合同是否有效

如果没有特别约定，合同生效必须有法定代表人签字并加盖公章，这种情况下签订的合同就有效。因为根据《合同法》第三十二条的规定："当事人采用合同书形式订立合同的，自双方当事人签字或者盖章时合同成立。"法定代表人代表公司参加对外活动、签订合同，即便只有签名也具有法律效力。也就是说，即便合同没有加盖公章，但只要签字的人获得公司授权，合同就能生效。

◆公章外借他人使用，他人私下签订的担保合同是否有效

对于公司来说，印章是其开展对外活动的法律凭证。公司将印章外借他人，就是授予他人一定的权力，即便只是印章保管者，只要是其使用公司印章，所产生的权利义务关系就应该由公司承担。因此，公章外借他人使用，他人私下签订的担保合同是有效的，公司需要为此承担相应的法律责任。

◆合同上加盖分公司的印章是否有效

虽然根据相关法律法规的规定，分公司不是独立的法人，但因为分公司拥有营业执照，可以成为民事诉讼的被告，因此合同上加盖分公司的印章同样有效，由此产生的民事责任由总公司承担。

◆公司更改名称后已使用新印章，盖有原印章的合同对公司是否仍有效力

公司更改名称之后，依然要承担原来的债务，盖有原公司名称印章的文件依然具有法律效力。因此，公司更改名称之后，要妥善保管带有原企业名称的印章，可以将印章交给专人保管，必要时可以向公安机关申请销毁印章，并做好登记备案，以降低原印章不规范使用给企业带来的法律风险。

5.3.5 【范本】企业启用新印章通知

关于公司启用有关________专用章的通知

公司各部门：

根据《公司印章管理办法》第________条的规定，由于________，现公司已启用“________专用章”，该印章由公司____部门管理，专管人员为________。为实现公司各部门业务对接、规范我公司的对内对外管理，自________年____月____日起，启用本通知附件的公章，原“________专用章”印章同时废止。

特此函告。

附件：新旧印章样式

________年____月____日

旧印章样式　　　新印章样式

CHAPTER 6 | 车辆管理

6.1 企业车辆管理

6.1.1 企业车辆管理存在的问题

随着社会经济不断发展，企业的综合实力不断提升，车辆逐渐成为企业的必备资产，如何做好车辆管理与维护成为企业一大难题。从某种程度上说，车辆管理与维护效果直接关系着企业能否开展安全生产，能否提高生产效率，能否实现可持续发展。因此，对于企业来说，做好车辆管理与维护是一件大事。

◆企业车辆管理存在的问题

目前，企业车辆管理面临着很多问题，如表6-1所示。

表6-1 企业车辆管理面临的三大问题

问题	具体描述
交通环境不便	企业生产区域的道路等级较低，如果车辆载重过大，道路容易坍塌，给车辆通行带来不便。另外，企业生产区域的道路大多不是平直的，弯路比较多，给行车带来了一定的困难。再加上如果企业需要多种不同的车辆相互协作，例如客车、货车、特种工程车等，会进一步增加车辆管理的难度，导致车辆监管出现很多问题
驾驶员水平参差不齐	驾驶员接受的教育程度不同，驾驶水平的高低、安全意识的强弱也不同。再加上驾驶员行业的流动性较强，给驾驶员管理带来了巨大的挑战。很多时候，企业因在驾驶员监督与管理方面投入了较多精力，在一定程度上反而忽略了对驾驶员能力与素质的培养
企业车辆养护维修机制不健全	企业车辆型号较多，维修技术不断更迭，对车辆维修人员的技术水平提出了较高的要求。但很多时候，企业车辆维修人员在接受培训时经常忽略新型维修技术的学习，无法对车辆进行有效检测与管理，无法在车辆出现问题时立即组织维修，导致车辆故障频发，甚至会酿成大祸

◆车辆管理的目的

车辆日常保养与维修的主要目的是及时发现问题，保证车辆行驶安全，减少维修费用以及油耗费用，降低运行成本，提高经济效益。根据企业设备管理要求，车辆日常保养与维修要遵循“安全、高效、节约、及时”的原则，并制定相关制度。

◆车辆管理的工作内容

（1）车辆日常保养与维修工作由行政部或者器械部负责。

（2）行政部或器械部对车辆维修项目进行审核，选择维修服务提供方，签订维修协议，验证维修质量，对维修记录、相关评定等进行妥善保存。

（3）驾驶员或者车辆维修人员要定期检查车辆状况，对小故障要及时进行处理。如果发现车辆存在较大故障，需要接受专业的维修服务，驾驶员或车辆维修人员需要填写《车辆报修单》报送车辆主管，经主管批准后将车辆送修。驾驶员或车辆维修人员确认维修合格后，将更换下来的部件交给企业审验，并及时向车辆主管反馈维修结果。

6.1.2 企业车辆管理及维护制度

企业想要做好车辆管理与维护，必须建立健全车辆维护与管理制度，对驾驶员以及车辆管理维护人员的行为进行规范，让车辆管理与维护有据可循，以便在发生交通事故或安全事故时能够快速、准确地找到责任人，为车辆安全行驶提供强有力的保障。具体来看，企业车辆管理与维护制度的建立要做到以下几点：

◆企业应尽快落实车辆管理制度

企业要尽快根据自身的实际情况建立科学合理的车辆管理制度，并将制度层层落实到车辆管理部门及专职员工。对于企业来说，生产与安全同等重要，不能只关注安全忽略生产，也不能只关注生产忽略安全。为了增强驾驶员以及车辆管理人员的安全意识，企业可以与他们签订安全协议书。如果驾驶员或车辆管理人员违反规定，就要接受相应的处罚，真正做到安全生产，保证行车安全。

◆企业要制定车辆维护制度

（1）企业可以定期召开车辆安全生产会议，表扬优秀员工，大力宣传安全生产的车型，对违反安全生产法规的驾驶员进行批评，奖优罚劣，提高全体驾驶员以及车辆管理人员的安全意识。同时，会上可以讨论一些导致车辆在行驶过程中发生危险的因素，以及发生危险后的处理办法，为公司车辆安全生产系统的改进提供指导。

（2）强化安全驾驶意识。要在企业内部大力宣传车辆安全驾驶知识，组织开展安全驾驶教育，培养驾驶员安全行车习惯。据研究，在导致重大交通事故的各种原因中，驾驶员违章是最主要的原因。因此，保证安全驾驶，最重要的就是对司机做好安全教育，提高司机的安全意识与技能水平。

（3）企业车辆安全管理部门应定期对驾驶员进行测试，测试内容包括驾驶员的安全意识、驾驶经验、驾驶技能等，进一步增进对驾驶员的了解，并根据驾驶员的实际情况组织专业培训，以保证培训效果，为安全驾驶奠定良好的基础。

6.1.3 企业车辆报废的处理方法

机动车都有一定的使用年限，根据《机动车强制报废标准规定》，单位车辆的使用年限不能超过15年，达到使用年限后要进行报废处理。那么，单位车辆应如何办理报废呢？

◆单位车辆报废流程

单位车辆报废要遵循以下流程，如表6–2所示。

表6–2 单位车辆报废流程

序号	报废流程
1	当车辆达到使用年限后，车辆管理人员要前往公安机关办理机动车报废手续，获取《机动车报废证明》，按要求将车辆交给公安机关指定的报废汽车回收企业
2	报废汽车回收企业根据《机动车报废证明》收购汽车。交易完成后，车辆管理人员要拿到报废汽车回收企业开具的《报废汽车回收证明》，凭此证明向汽车注册登记地的公安机关办理注销登记
3	报废汽车回收企业要对回收的报废汽车进行登记，不能对有犯罪嫌疑的汽车进行拆解、改装、拼装、倒卖
4	任何单位和个人都不能私自将报废汽车转卖或赠予他人，也不能私自拆卸

◆单位车辆报废材料与手续

单位车辆报废要填写及提交以下材料，包括《机动车登记表（副表）》《机动车停驶、复驶/注销登记申请表》《机动车登记证书》《机动车行驶证》以及两块车辆号牌、机动车所有人身份证明。其中，《机动车登记表（副表）》要到单位所在辖区的交巡警支、大队车管部门领取。

因为是单位车辆，所以机动车所有人身份证明要提交组织机构代码和复印件、组织机构代码证IC卡。

◆如何写单位报废车辆申请书

单位报废车辆申请书格式如下：

关于对×××车进行报废的请示

×××公司，车牌号为×××的车原值为×××，已提折旧×××，现有净值为×××。该车是××××年购入，现已经达到了报废年限。再加上由于×××原因，致使车况极差，现基本无法运行，若使其正常运行，其维修费用和运行费用较大。据此，特申请将×××车报废。请批准为盼。

××××年××月××日

◆目前车辆报废补贴标准

（1）营运黄标车补贴标准

营运黄标车最高补贴12000元，具体补贴标准如表6-3所示。

表6-3　营运黄标车补贴标准

车辆类型	补贴标准
载货汽车补贴限额标准	大型载货汽车每辆补贴12000元，中型载货汽车每辆补贴9000元，轻型载货汽车每辆补贴6000元，微型载货汽车每辆补贴4000元
载客汽车补贴限额标准	大型载客汽车每辆补贴12000元，中型载客汽车每辆补贴8000元，轻型载客汽车每辆补贴5000元，微型载客汽车每辆补贴4000元

（2）非营运黄标车补贴标准

非营运黄标车最高补贴18000元，具体补贴标准如表6-4所示。

表6-4　非营运黄标车补贴标准

车辆类型	补贴标准
载货汽车补贴限额标准	大型载货汽车每辆补贴18000元，中型载货汽车每辆补贴13000元，轻型载货汽车每辆补贴9000元，微型载货汽车每辆补贴6000元
载客汽车补贴限额标准	大型（含营转非）载客汽车每辆补贴18000元，中型载客汽车每辆补贴11000元，轻型载客汽车每辆补贴7000元，微型载客汽车每辆补贴5000元

【相关问题回复】

（1）单位车辆报废如何处理？

根据《报废汽车回收管理办法》第十条及第十二条规定："报废汽车拥有单位或者个人应当及时向公安机关办理机动车报废手续，并将报废汽车交售给报废汽车回收企业。任何单位或者个人不得将报废汽车出售、赠予或者以其他方式转让给非报废汽车回收企业的单位或者个人；不得自行拆解报废汽车。"

根据《中华人民共和国侵权法》第五十一条的规定："以买卖等方式转让拼装或者已经达到报废标准的机动车，发生交通事故造成损害的，由转让人和受让人承担连带责任。"

家用小型轿车没有强制报废年限，家用非运营小型或者微型载客汽车，使用年限不超过6年的，每两年检验一次；使用年限超过6年，没有超过15年的，每年检验一次；使用年限超过15年的，每年检验2次，检验合格可以继续行驶。从第21年起，每3个月检验一次。

（2）单位车辆没有达到机动车强制报废标准，但是还想要进行报废处理的，需要找什么部门进行鉴定呢？

大型车达到黄标车标准就可以申请报废，具体情况可以向当地环保部门或机动车验车点咨询。

（3）机动车不到指定单位强制报废怎么处罚？

根据《道路交通安全法》第14条规定："国家实行机动车强制报废制度，根据机动车的安全技术状况和不同用途，规定不同的报废标准。应当报废的机动车必须及时办理注销登记。达到报废标准的机动车不得上道路行驶。报废的大型客、货车及其他营运车辆应当在公安机关交通管理部门的监督下解体。"

6.1.4 企业车辆违章的处理方法

企业车辆在驾驶过程中违反交通法律法规，需要当事人前往当地车管所或交警队服务大厅办理相关手续。至于企业车辆违章如何处理？需要准备什么证件？下面进行具体分析。

◆企业车辆违章如何处理

企业车辆违章要秉持"谁开车谁负责处理违章"的原则，由违章时的驾驶人前去处理，具体如表6-5所示。

表6-5 企业车辆违章的处理方法

序号	处理方法
1	驾驶员持驾驶证、行驶证到当地的车辆违章中心处理违章
2	违章罚款不予报销。如果是在企业领导的要求下违章驾驶，违章罚款应该由该领导或者企业承担
3	如果驾驶员在企业领导的要求下违章驾驶，并因此被记分，企业应该给驾驶员一定的补偿

◆企业车辆处理违章需要准备的证件

当事人需要携带违章车辆行驶证原件、身份证原件、驾驶证原件，去车管所或交警队服务大厅处理。

◆企业车辆违章如何网上处理

企业车辆违章可以在网上处理，首先打开支付宝App，进入首页，点击“更多”—“市民中心”—“公安交管”，选择“机动车违法处理”或“机动车违法缴费”，确认授权，然后按提示完成处理即可。

◆网上进行车辆违章处理时的注意事项

（1）如果用户驾驶证累计记分达到12分或者即将达到12分，并且是非现场交通违法记录，需要到车辆违法发生地或车辆注册地的交通违法处理窗口处理违章。

（2）如果因为网络数据传输存在延迟，导致互联网平台驾驶证累计记分没有及时更新，而且驾驶员在公安机关交通管理部门被告记分的，在这种情况下，驾驶员短期内不要使用互联网平台处理记分，以免超分。

（3）如果驾驶员需要处罚决定书，可以持驾驶证至处理机关打印；如果需要罚款票据，可以到缴款罚款的银行营业厅索取。

（4）如果驾驶员对违法事实存在异议，可以到违法发生地的公安机关交通管理部门进行核实。

◆企业车辆违章可以用几个人的驾驶证进行处理

企业车辆违章最多使用3个人的驾驶证扣分。

在2017年的新规下，驾驶员可以借他人的驾驶证消分。但如果涉嫌买分卖分，一旦被交通管理部门发现，就会受到严厉处罚。

新规明确指出“对在一个记分周期内同一人为非本人所有的3辆以上不同号牌的机动车处理违章行为的，或者超过3人为同一号牌机动车处理违章行为的，将列入涉嫌代替接受处理的重点人名单，暂停其违法处理业务”。也就是说，在一个记分周期内，一个驾驶证最多只能为3辆车消分。或者，如果一名驾驶员的违章记分达到了12分，最多只能借3个驾驶证为自己消分。

除此之外，新规还对买分卖分行为的处罚方式做出了明确规定：“代替实际驾驶人接受机动车交通违法处罚和记分并从中牟取经济利益的，处暂扣六个月机动车驾驶证，并处一千元以上二千元以下罚款。代替实际驾驶人接受机动车交通违法处罚和记分并从中牟取经济利益，被处罚后再犯的，以及组织、介绍他人代替实际驾驶人接受机动车交通违法处罚和记分并从中牟取经济利益的，处十五日以下拘留，并处二千元以上五千元以下罚款，吊销机动车驾驶证，五年内不得重新取得机动车驾驶证。有违法所得的，予以没收。”

◆汽车违章长时间没处理的后果

依据《中华人民共和国道路交通安全法》的相关规定，如果汽车违章的当事人逾期不处理违章，可能会受到以下处罚：

（1）如果当事人到期没有缴纳罚款，要按照每日增加罚款数额的3%的额度加处罚款。

（2）如果当事人拒不履行处罚，交管部门可以申请人民法院强制执行。

根据相关法律法规，如果交通警察认为应当暂扣或者吊销交通违法当事人的驾驶证的，可以先将驾驶证扣留，并在24小时内将案件移交公安机关的交通管理部门进行处理。交通违法当事人必须在15日内前往公安机关交通管理部门接受处理。如果无故逾期，公安机关交通管理部门可以依法吊销其机动车驾驶证。公安机关交通管理部门暂扣或者吊销机动车驾驶证，都必须出具行政处罚决定书。

交通违章罚款的处理期限是从交警开出违法行为通知单当日开始，15天内到指定银行缴纳罚款，超过15日要缴纳滞纳金。如果违章驾驶被交警拦下，并开具罚款单，也需要在15日内缴纳罚款，如果超出15日要缴纳滞纳金。滞纳金的计算方法是每超一天加收罚款的3%，最多不超过罚款本金。

如果是电子眼拍摄到违章行为或者违章停车，只需在下次审车前处理即可。当事人持驾照与行车证到交警大队换取处罚决定书，在15日内完成处理。

6.1.5 【范本】企业车辆管理规章制度

一、目的

为了更好地完善公司的内部管理，加强本公司车辆有效使用，提高驾驶员的工作责任心，特制定本制度。

二、适用范围

本制度适用于归属会理佳能达医药贸易有限责任公司名下的所有车（辆）及本公司租用车产权属员工车辆。

三、用车管理

1.公司所有车辆实行专车专人专管，责任人需负责车辆的使用安全、日常维护、定期保养、故障维修申报工作。车辆仅限该车辆的专管人员驾驶，车辆专管员未获车辆分管负责人或总经理的批准，严禁将车辆交予其他人员驾驶。

2.储运部分管车辆的负责人负责车辆的分配并完成交接手续、负责所有车辆的使用监管、审核车辆费用等。办公室负责办理保险业务，参与突发性交通事故处理。

3.驾驶员出行前必须到办公室如实填写“出车记录表”相关项目，以便月底车辆费用核算。

4.公司所有车辆严禁在外过夜，节假日（含周末）严禁动用公司车辆，总经理批准除外。

5.业务专用车辆出差前，车辆专管人员需将出差计划报车辆分管负责人备份，出差车辆回公司后按第4项管理。

6.使用车辆人员在出车前需检查车辆的擦剐等安全情况，并与当班车辆分管负责人确认，以明确事故责任人。

7.未经总经理批准，严禁公司车辆私用（包括租用车辆）。

8.车辆外借、交换使用、报废均由车辆分管负责人报总经理批准后执行。

9.公车私用引发一切违章事故及经济损失由当事驾驶员负责，公司追究肇事者责任并由肇事者赔偿公司的财产损失或经济损失。

10.车辆档案管理

10.1 车辆档案包括：档案表、已年检的行驶证复印件（原件随车携带）、商业保险单和交通强制保险单正本原件（副本随车携带）、机动车登记证原件、车辆备用钥匙、销售发票复印件/车辆购置税完税证明复印件。

10.2 车辆档案由办公室保管。文员须做每辆车的台账，台账内容包括：保险、年检、二保的到期时间，并按时提醒相关人员办理。失效档案保留一年。

10.3 驾驶员保管行驶证原件。

11.加油管理

11.1 公司车辆均到公司指定加油站加油，行车过程中需在非指定地点加油的，报车辆分管负责人批准后方可加油；

11.2 车辆加油前在办公室领取本公司专用加油票，办公室文员填写“加油凭证”相关项目；加油后，驾驶员需及时交“加油凭证”购油单位存根联，以便公司统一结款。

11.3 “加油凭证”与车牌号一一对应，办公室开出的油票不得用于“他车”加油。

11.4 每月底办公室文员对所有车辆的油耗、里程进行分析，核算车辆费用。

四、司机工作守则

1. 公司司机要严格遵守道路交通管理条例及安全行车的有关规定，严禁酒后驾驶。否则，所造成的经济损失，由司机个人承担。

2. 司机要坚守岗位，做到随叫随到，并做好车辆保养工作，做到“三勤”，即勤检查、勤保养、勤擦洗。

3. 车辆由指定司机驾驶，未经公司领导批准，不得交给他人驾驶。否则，将追究司机责任，一切后果由司机本人承担。

4. 做好出车前的车辆检查工作，保证顺利出车。出车前做好日常维护工作，例如：

4.1　检查冷却水、燃油、机油是否合乎规定数量，酌情添加；

4.2　检查转向机，制动装置各连接部位是否牢固可靠；

4.3　检查轮胎气压是否合乎规定；

4.4　检查和紧固轮胎、半轴、传动轴、钢板弹簧等部件的螺栓、螺母；

4.5　检查灯光信号、喇叭、雨刮器的工作状况；

4.6　检查手制动、脚制动及离合器的工作情况。

五、费用报销

1. 车辆油料费由本公司指定加油单位凭票加油，统一结算。

2. 外出购油及维修须经销售部主管批准后，凭发票实报实销。

3. 车辆维修应事先填写“车辆保修申请单”，注明行驶里程，经销售部主管核准后方可送修；清洗、打蜡等维修事项事先应向主管及时报告。

4. 可自行修复的，报销购买材料零件费用。

5. 因货物或车辆造成的违章罚款（如车辆证件不全，车辆发生故障，货物超重、超高、超长宽等），公司给予全部报销。

6.若驾驶员个人原因造成的违章罚款，不予报销。由当事驾驶员自行负责。因公用车损伤者，公司负责费用报销。

六、租用员工车辆管理制度

1.车辆补贴标准，由公司总经理批准文件为准。

2.自备车辆员工除定额补贴外，车辆的其他费用由车权人自理（如车辆年检费用、车辆保险费用及检修费用）。

3.租用车辆遵行并享有除1、2条规定外前面陈述的五大条规定。

七、本制度自公布日起执行。

6.2 车辆保养维护

6.2.1 企业车辆管理及维护措施

◆加强司机队伍的管理培训

企业要建立健全驾驶员准入制度，提高驾驶员招聘门槛，对驾驶员的驾龄、驾驶类型、工作经验等进行全面审查。进一步培养驾驶员的职业道德，提高驾驶员的安全驾驶意识，企业要加强宣传教育，结合实际工作情况，让驾驶员了解安全驾驶的重要性，规范驾驶员的驾驶行为，降低交通事故发生的可能性。在培训过程中，培训人员要努力了解驾驶员的性格特点，用驾驶员可以接受的方式，与实际案例相结合，保证培训效果。

◆建立车辆安全管理体系

企业要建立车辆安全管理体系，完善车辆管理制度，为车辆的安全运行提供强有力的制度保障。为了做好车辆管理，企业的车辆管理部门要制定个性化的管理策略，提醒司机遵守规章制度、安全驾驶，要求司机做好驾驶记录。另外，企业要将车辆的安全管理事务提上日程，定期召开车辆安全管理会议，发现近期车辆安全管理方面出现的问题，并制定解决方案。此外，企业可以创建一个车辆使用管理系统，完善车辆道路安全法规，推动管理条例自上而下渗透落实，结合车辆管理制度与体系，对车辆进行科学管理。

◆定期对车辆进行安全监测与养护

企业要定期对车辆进行检测，及时发现并消除安全隐患，以免车辆在行驶过程中发生故障。在车辆检测的过程中，检测人员必须关注各种细节，并做好记录。同时，企业要做好车辆的日常维修与养护，培养车辆驾驶员的车辆养护意识，减少人为因素导致的车辆损坏，保证行驶安全。

◆应用现代技术进行车辆安全保障

在现代企业的车辆管理中，全球定位系统是保障车辆安全的一个重要方法。全球定位系统可以对车辆进行实时监控，在车辆超速时及时发出警报，防止交通事故发生。另外，全球定位系统还可以对天气状况以及路况信息进行分析，为驾驶员的驾驶行为提供参考，指导驾驶员对可能发生的危险做出提前预测。

企业车辆管理存在很多隐性问题，诱发这些问题的原因各种各样，具体包括驾驶人员技能较差、缺乏安全意识、应变能力缺失等主观因素，以及天气状况、道路状况等客观因素。为了应对这些问题给车辆行驶带来的风险，企业要优化驾驶员队伍管理，建立健全车辆管理制度，做好车辆保养与维护，利用现代化的管理措施防止交通事故发生，保证车辆行驶安全，提高企业生产效率。

6.2.2 车辆保养维修的工作内容

◆保养、维修服务提供方的选择

（1）行政部与综合部共同对车辆保养和维修服务提供方的技术水平、

维修质量、维修时间、维修自制、配件价格、工时价格、公司服务与信誉等进行综合考量，选定车辆保养和维修服务提供方。

（2）行政部与综合部根据驾驶员提供的维修反馈记录，对维修服务提供方的服务水平与质量进行跟踪评定，保证公司车辆能够持续享受到优质的维修和保养服务。

◆日常检查、保养、维护

车辆日常检查、保养、维护要遵守以下规则制度，如表6–6所示。

表6–6 车辆日常检查、保养、维护制度

序号	具体内容
1	企业实行定人、定车、定保养制度，安排专人对车辆进行检查、保养与维修，让车辆保持良好的性能与状态
2	保持车辆清洁，驾驶员要定期对车辆进行清洁、清洗。企业可以规定车辆保养日，例如行政车辆每周进行一次保养，工程车辆每个月进行两次保养等。车辆清洗必须彻底，按要求进行保养。需要注意的是，车辆的清洗与保养不能影响工作的正常开展
3	确定检车日，例如每个月的第一个周六，将检查结果与上个月的保养情况进行对比，车辆检查情况以及整改情况要归档保存。如果检车日当天天气状况不佳，可以暂时取消，重新确定一个时间进行车检
4	在行驶过程中，驾驶员要留意车辆是否发出异常声响
5	对车辆的各个润滑点进行检查，如果缺油要立即补充，如果发现油变质要及时更换
6	驾驶员每个月要对车辆电瓶进行一次清洁，对电瓶使用情况进行检查，让电瓶处在一个干净、干燥的环境中
7	驾驶员每个月对车辆消防设施进行检查，安全部、器材部进行复查
8	各单位设备员不定期对车辆进行检查，及时发现问题并解决，以免车辆在工作过程中发生故障，导致生产活动无法正常开展
9	定期保养。行政车辆每行驶5000公里要做一次保养，工程车辆每运行500小时要进行一次保养。保养项目包括对制动片间隙进行检查与调整，更换机油滤芯、燃油滤芯、机油，紧固各部件连接螺栓，对电路系统进行检查、保养。另外，行政车辆每行驶10000公里，工程车辆每运行10000小时，要对空气滤芯进行清理或更换。当然，企业可以根据实际情况调整保养的时间间隔，例如调整为行政车辆每行驶3000公里保养一次，工程车辆每运行300小时保养一次

6.2.3 车辆日常保养维修管理方法

（1）企业要建立车辆维修技术档案，将车辆使用日期、基本装备、技术性能、行驶里程、作业台班台时数量、维修情况等记录下来，并妥善保存。

（2）企业成立车辆维修鉴定小组，专门负责对车辆进行维修、鉴定、保养等工作。

（3）车辆管理人员根据驾驶员提供的车辆运行里程或时间填写运行记录，对车辆维修保养时间进行安排。

（4）所有车辆实行定点维修与保养。如果公司有专门的机修车间，车辆维修与保养要在机修车间完成。如果机修车间无法处理，需要外委维修，需要填写《外委维修审批单》，报请主管领导审核批准。如果车辆需要更换零部件，则需要机修车间与车辆主管领导共同签字确认。

对于外委维修，原则上要先确认更换的零部件的品牌、型号、厂家等，并上报主管领导审批，领导同意后再委托修理厂维修，在维修过程中产生的一切费用都要开具发票，凭发票报账。在日常维修的过程中，如果车辆要更换轮胎、配件，必须由机修车间、车辆管理部门审批，审批通过后才可以更换，否则相关费用不予报销。如果一次维修费用超过5000元，需要报请主管领导审批核准，然后才可以维修，否则产生的费用不予报销。

（5）行政车辆按规定在4S店维修保养。

（6）如果车辆要外委维修保养，在车辆维修过程中，驾驶员要全程跟踪，保证维修、保养质量。

（7）车辆外委保养维修要指定维修厂，驾驶员不能自行选择。

（8）车辆装具、装饰与附件的更新流程与车辆维修相同，都要报请领导审批。

（9）车辆更换下来的零部件要交由企业统一保存，任何人都不能私自处置。

（10）定点修理由企业按月结算修理费，在修理之前，驾驶员要检查修理项目；修理后，驾驶员要确认修理合格，以免产生不必要的费用。

（11）车辆保养、维修后要交由车辆管理部门与驾驶员验收，验收合格才能投入使用。

（12）驾驶员要恪尽职守，做好车辆维护工作，保证车辆外观干净、内部整洁，在驾驶过程中严格遵守相关的法律法规，保证行车安全。

6.2.4 建立车辆维修保养油耗档案

◆建立油耗档案

（1）建立车辆管理档案。每辆车都要建立车辆管理档案，包括运行公里/台时记录、加油/维修记录等，作为驾驶员领取补助以及年终考核的依据。同时，企业要设立车辆运行里程/台时、用油及维修费公示栏，每个月公布一次车辆的行驶里程/台时、油耗及维修费等。

（2）如果在企业的机修车间维修、保养车辆，机修车间要做好记录并存档，如果是外委维修车辆，车辆管理部门要做好记录并存档，最终所有车辆的维修信息都要提交到车辆管理部门，填写《车辆维修登记表》并存档。如果要领用配件、材料，必须按规定办理出入库手续，秉持"谁领用谁签字"的原则做好记录。

（3）所有车辆事故、故障及维修都要做好记录，并注明处理时间。如果更换轮胎，要记录轮胎编号，所有记录提交车辆管理部门妥善保管。

◆油料管理

油料管理要遵循一定的制度，如表6–7所示。

表6-7　油料管理制度

序号	管理制度
1	车辆用油由综合部统一管理
2	驾驶员领取加油单到指定地点为车辆加油，同时填报车辆里程表总数或运行台时数。月底，综合部对车辆的油耗、运行里程/台时数量进行核对。如果车辆因公外出时需要加油，驾驶员要收好发票，回到公司后由领导签字报销
3	外单位和他人用车要根据实际情况，按照里程数/运行台时数计算耗油量。驾驶员不能私自将油料转给他人，一经发现要接受严肃处理
4	工程车辆的柴油补给可以安排加油车到工地进行，汽油的补给可以到外面指定加油站进行。行政车辆外出时加油要按照公司规定的程序进行
5	每次加油时，驾驶员都要登记加油量以及加油时的公里/台时数，并且要签字确认

6.2.5 【范本】企业车辆维修保养管理办法

一、目的

为保证车辆行驶安全、良好的运行状况以及保养和维修的及时、经济、可靠，特制定本规定。

二、适用范围

本规定适用于所有车辆。

三、车辆维修保养负责人

车辆的保养及维修由车辆对应驾驶员负责。

四、成立鉴定小组

对于公司车辆的保养维修，公司成立鉴定小组。组长由财务部经理担任，组员由组长指定的2名人员（含司机）担任。鉴定小组的职责：鉴定维修保养后的车辆状况是否合格；鉴定车辆维修保养费用的合理性。

五、车辆的维修保养

1. 新车走合保养必须到新车制造厂指定的特约维修站进行保养。

2. 驾驶员必须按要求及时对车辆例行保养，做到不超保、不脱保。

因保养不及时引起机械损坏或事故的，由驾驶员承担全部损失。

3. 各部门车辆需进4S店或汽修厂维修的，驾驶员必须向其部门经理报告，由驾驶员说明具体情况。

4. 在行驶过程中发现故障，驾驶员应及时检查，查明原因并判断故障严重程度和对行驶安全的影响程度，主动设法排除故障，或估算费用并征得部门经理同意就近寻找修理厂处理；如故障严重应及时汇报，请示处理方案。

5. 对于维修保养费用预估在2000元以下的，由驾驶员报部门经理批准；2000元及以上的必须开具《车辆派修单》，报总经理批准后方可实施维修。

6. 维修时若更换部件，须将旧（坏）件交回公司验审。

六、费用的报销与鉴定

1. 车辆维修保养后，驾驶员凭明细单据予以报销。费用单据的各项开支必须清晰明了地进行标注，不得笼统合并费用。

2. 车辆维修涉及更换部件的，旧（坏）件未交回公司的不予报销。

3. 对于驾驶人维修保养车辆后的费用单据，鉴定小组要及时查阅，依据符合市场价原则进行评定，对于费用不清、费用不合理部分有权质疑。对于维修保养人（驾驶员）不能做出合理解释的费用，或者鉴定小组认定的不合理费用，均由维修保养人（驾驶员）自行承担。

七、本规定由财务部负责实施，企管部跟进为了减轻汽车各部件的磨损，防止在运行中发生故障，延长汽车的使用寿命，降低燃料、配件及轮胎的消耗，使汽车经常保持完好状态，特制定如下保养制度：

（一）例行保养：指驾驶员在每天出车前、行驶中、收车后进行的保养，作业内容有：

1. 打扫、清洗汽车。

2. 检查安全机构，各部机件紧固和轮胎气压。

3. 检查添加燃料、润滑油。

（二）一级保养

车辆每行驶500~300公里进行一次一级保养，以清洗、检查、润滑、紧固为主，内容是：

1. 清洗化油器、空气、汽油滤清器，更换机油。

2. 在规定部位添加润滑脂，检查变速器、转向器，检查后桥的润滑油油面高度，不足时添加。

3. 检查转向紧固情况，离合器自由行程，制动器摩擦片间隙和各部件连接部位的紧固情况。

4. 检查灯光、分电器触点的工作情况，以及电池液液面高度。

5. 放出贮气筒的积水。

（三）二级保养

车辆每行驶8000~12000公里进行一次二级保养，二级保养是除执行一级保养作业内容外，调整、检查发动机和底盘各部件工作情况，使其保持良好的运行状况。内容是：

1. 清洗化油器、空气、燃油、机油粗滤清器，更换机油细滤清器，换机油。

2. 检查调整气门间隙，紧固发动机螺栓，并检查发动机有无漏水、漏油情况。

3. 拆检发电机、起动机、清洗整流子和炭刷，润滑轴承。

4. 检查分电器技术状况，调整间隙。

5. 检查电路、灯光、喇叭、雨刮工作情况。

6. 检查调整离合器与压板的间隙及踏板的自由行程。

7. 检查转向器横直拉杆，转向节主销衬套、转向臂各接头的磨损情况，并调整前束。

8. 拆检转动轴万向节和轴承磨损情况，紧固变速器二轴和主减速器螺帽有无松动。

9. 查变速器，减速器各部件的轴向间隙磨损程度和工作情况。

10. 按规定润滑各润滑点，检查轮胎气压和磨损情况，进行轮胎换位。

11. 更换安全配件时，一定要购买正品配件，要注意配件的使用条件，如轮胎的负荷、速度等级及尺寸等。

12. 更换安全配件时，一定要购买正品配件，要注意配件的使用条件，如轮胎的负荷、速度等级及尺寸等。

6.3 车辆采购管理

6.3.1 企业车辆采购管理制度

◆车辆采购小组及职责分工

企业成立车辆采购小组，负责车辆采购事宜。小组成员应该包括公司领导、车辆技术管理部成员、财务部相关成员、企划部相关成员等，成员数量为3人及以上的奇数，以便在意见不同时能够凭借“少数服从多数”的原则做出一致决定。

◆采购计划

车辆采购小组根据公司预算管理办法编制公司年度车辆采购计划，然后提交给公司预算管理部门进行评估审核，在公司企划部、车辆技术管理部门的监督下执行。一般来讲，公司不会批准执行临时的车辆采购计划。如果企业确实急需用车，必须启动临时车辆采购计划，由企业负责人核准签字，然后交公司财务部进行审核。如果额度超过了机动预算额度，要呈交企业负责人审批。

◆采购申请

车辆采购小组根据实际用车需求拟定书面的车辆采购申请，申请中要写明车辆型号、数量、类型等级、行驶里程、道路状况等内容。如果车辆采购在预算内，企业要严格按照预算执行流程办理请购手续。

◆采购结果

车辆采购小组根据招标、竞争性谈判采购或议价（定向）采购情况，编制采购情况汇报，并报送主管领导。一般来讲，招标、竞争性谈判采购或议价（定向）采购谈判结束后，车辆采购小组要在5个工作日内向中标单位发放中标通知书，中标通知书应涵盖中标单位、采购车型、采购价格、参数配置及其他有关情况等诸多内容。

◆采购合同管理

公司企划部根据确定的供应商、采购方式、采购价格等拟定采购合同样本，按照合同管理制度进行审查与审批。采购合同的内容主要包括采购双方的权利、义务与责任，双方代表要按照规定权限签订合同。

所属企业根据中标通知书中的中标单位、采购车型、采购价格、参数配置及其他信息，与中标单位签订采购合同，并建立合同全程档案，记录合同执行过程。

公司车辆技术管理部门要加强对采购过程的管理，根据采购合同中的主要条款对合同履行情况进行跟踪，及时发现可能对合同履行过程造成影响的异常情况，并出具书面报告，及时提出解决方案。

◆采购验收管理

车辆交付时，采购单位要组织人员进行验收。在验收过程中，验收人员要仔细审核车辆数量、配置、技术参数和质量是否与合同约定相一致。如果合同对车辆标识做出了统一规定，验收时要特别留意，统一车身的颜色与标识。

◆采购付款管理

采购付款要按照《付款审批制度》进行，明确付款审核人的责任和权限，对采购预算、合同、相关单据凭证、审批程序等内容进行严格审核，审核无误后按照合同规定办理付款。在这个过程中，公司的财务部门要对采购合同、采购发票、采购验收手续及配套的交易凭据进行严格审查，防止弄虚作假的情况发生。一旦发现有人弄虚作假，要立即上报领导，查明原因，对涉事人员进行处置。

公司要对采购付款过程进行跟踪管理，发现异常情况要拒绝付款，以免造成资金损失。同时，公司要选择合适的付款方式，以免因为付款方式不恰当招致法律风险，保证资金安全。付款方式确定之后，财务部门要严格按照约定的方式付款。

公司要做好对预付账款和定金的管理，加强对采购、验收、付款业务的会计系统的控制，保证会计记录、采购记录、资产记录相一致，采购付款记录不会错位，记录在付款发生的会计周期内，以免因为记录不准确、不完整、不及时导致账目与实际发生的交易情况不符，或者财务报表信息失真的情况发生。

对于采购预付款项及相关往来款项，公司财务部门要建立明细账户进行核算，并妥善保管债权债务凭证，做好书面对账、账龄分析、风险分析、催收管理、诉讼保全、分户档案建立和记录等工作。对于同一单位的多项业务，要为每一笔交易单独设立账户，并做好核算。如果某一笔款项的账龄较长，公司要安排专人定期与其对接，对应付账款、应付票据、预付账款等信息进行核对。

◆退换货管理

首先要明确退换货条件，采购单位在验收车辆时，如果发现车辆配置、性能与合同要求不符，存在安全隐患，无法满足实际运营要求，要向供应商提交退换货申请，要求供应商退货或者换货。如果因为退换货导致车辆无法及时投入生产，对企业造成损失的，由供应商提供赔偿。如果情节比较恶劣，公司要向供应商追究法律责任，以维护自身权益。

◆采购中的反舞弊及涉密管理

在车辆采购过程中，公司财务部、企划部、车辆技术管理部要做好反舞弊管控，具体措施包括职责分离、不相容岗位相互监督制约，以降低舞弊风险。同时，公司财务部、企划部、车辆技术管理部要对车辆采购合同进行审核，以免出现不合规的合同条款，保证采购行为与采购程序符合公司规定，以免因采购业务未经审批或者越权审批诱发舞弊风险。

严禁验收人员在验收车辆时徇私舞弊，或故意设置障碍。车辆采购小组要做好信息保密工作，防止非小组成员及采购对象知晓太多信息。公司审计部、财务部、企划部、车辆技术管理部、行政部要按照相关规定做好车辆采购的监督、检查、控制等工作。一旦采购过程发生问题，要准确定位责任人，并追究相关责任。

6.3.2 企业车辆招标采购的流程

◆招标采购

（1）招标文件

招标文件由车辆采购小组负责编制，主要包括以下六项内容，如表6–8所示。

表6–8 招标文件的六大内容

主要内容	具体要求
公告及邀请函	明确开标时间、地点，对竞标单位的资质做出明确要求
竞标须知	明确竞标单位需要提供的资料，明确标书制作规范，明确报名时间、发标时间、开标时间、需要缴纳的保证金数额、缴纳方式、缴纳时间、退还时间等
采购车辆型号、配置及规模	明确车辆品牌、型号及相关参数，保证各竞标车型的技术水平、价位相当
招标程序及规则	明确招标程序、定标规则及评标规则，明确中标方式，将性价比作为评标的核心指标
合同主要条款	参照《××××公司营运车辆采购合同》样本
其他	根据实际需要制作部分资料模板

（2）招标文件审查

车辆采购小组拟定招标文件之后，要将招标文件递交相关职能部门与管理层审批。

（3）接受竞标报名

接受竞标报名的流程如表6–9所示。

表6–9 接受竞标报名的流程

流程	具体内容
对竞标单位的要求	车辆采购小组根据招标项目，拟定对竞标单位的要求，具体包括企业资质、商业信誉、历史业绩等
明确竞标单位需要提供的资料	一般来说，竞标单位要提供营业执照副本、组织机构代码证副本、税务登记证副本、汽车生产商产品销售（代理）授权、竞标车型配置单、售后服务方案（承诺）等证件的复印件，并加盖企业公章
投标保证金	竞标单位在领取标书前要缴纳投标保证金

（4）标书发放

车辆采购小组要合理安排标书发放时间，给竞标人预留充足的准备时间。一般来讲，发标时间与开标时间至少要间隔5个工作日。发放标书时，竞标单位要签字确认应标。

（5）竞标单位资质审查

企划部负责对竞标单位的资质进行审查，然后由行政部法务专员进行核定。如果竞标单位提交的资料不全或有误，需要在竞标会前对资料进行更正或补齐。对于资质不符的企业应该直接淘汰。

（6）招标规则、程序及综合评分

招标采购要召开招标大会，确定供货商、采购车型以及采购价格，具体流程与规则如表6–10所示。

表6–10 招标采购流程与规则

序号	流程与规则
1	对竞标单位的相关资质进行审查，公布审查结果
2	车辆采购小组宣布招标会的评标要求和规则
3	竞标单位分别向车辆采购小组介绍单位情况、代理或者销售的汽车品牌、竞标车型、售后服务等
4	竞标单位在现场开展书面竞价，不限轮次，车辆采购小组当场公布竞价情况，由竞标单位确认，直到无人继续报价为止
5	车辆采购小组对竞标单位的各个管理指标（包括技术、合作、业绩、品牌、信誉、售后服务、对招标文件的响应程度等）进行评分，取采购小组各成员评分的平均分为各竞标单位管理指标的最终得分
6	车辆采购小组宣布竞标单位的最终报价，将其与标底进行比对，如果最终竞标单位的最低报价比标底价格高出30%及以上，就可以判定为流标。根据各竞标单位的要求，车辆采购小组可以不对外公布最终报价
7	将管理指标得分与价格得分相加得出各竞标单位最终得分，对这个得分进行公布
8	车辆采购小组进行综合评议，得分最高的竞标单位为中标人。如果车辆采购小组成员意见不一致，要按照少数服从多数的原则确定中标人
9	车辆采购小组公布中标单位，如果最终商定的价格发生变化，车辆采购小组可以延迟公布结果，或者宣布流标

综合评分因素及标准如表6–11所示。

表6-11 综合评分因素及标准

采购方式	决策条件/前提	供货商
招标采购	营运车辆对等级评定、安全、性能的要求较高，对于同时满足统一采购标准、基本处于同一竞争平台的车辆品牌，车辆采购小组应结合实际情况，采取公开招标的方式面向社会单位进行采购，或采取邀请招标的方式，向3~5家具备承担招标项目能力（资质良好，品牌、车型、配置及价格等相当）的法人发出投标邀请函，邀请其参与竞标	3家及以上
竞争性谈判采购	如果部分线路需要的营运车辆型谱活跃于市场的品牌车辆不足3家，或者因线路特殊性需采购特性品牌车辆，或者无法达到统一采购标准且不在统一竞争平台的品牌车辆的采购，可以选择2家车辆供应商通过竞争性谈判进行采购	2家
议价（定向）采购	特殊情况下（行业主管部门指定车型及品牌；能满足需求、活跃于市场且处于同一平台的品牌及单一车型；市场特定等特殊情况），可选择与相关车辆供应商直接议价进行采购	1家

◆竞争性谈判、议价（定向）采购

竞争性谈判采购和议价（定向）采购都需要对采购对象进行考察，考察合格后才能进入采购程序。如果采购对象在合格供应商备选库中，可以不进行考察，但每次谈判或议价都需要提交相关资质证明材料，用来进行资质审验。

具体来看，资质证明材料主要包括营业执照副本、组织机构代码证副本、税务登记证副本（含三合一或五合一等证照资质）、汽车生产商产品销售（代理）授权书（此项由经销商或代理商提供）、车型配置单、售后服务方案（承诺）等。

竞争性谈判不进行综合评分，首先要在现场公开竞价，直到无人报价为止。然后，车辆采购小组分别与供货商进行谈判，对谈判结果进行比较，按照少数服从多数的原则选定供货商，原定价格要低于市场价。

议价（定向）采购与竞争性谈判一样，也不进行综合评分，参照竞争性谈判执行，最终议定价格要低于市场价。

6.3.3 【范本】企业车辆采购管理制度

一、目的

为了规范车辆采购程序，加强对我公司车辆采购的监督管理，降低车辆采购成本，本着择优劣汰的原则，特制定本制度。

二、采购部门

公司车辆的采购工作由安全科和财务科协同负责。

三、车辆采购职责

1. 负责车辆采购管理制度和岗位责任的制定；

2. 负责对采购员的监督和管理；

3. 负责车辆采购计划的制定和采购合同的签订；

4. 负责车辆采购的询价、议价、比质、比价；

5. 做好采购的各项档案管理工作，如采购合同、经销商资料及相关的各类文件。

四、采购计划

因目前运输行业前景良好，发展空间巨大，公司计划在原有车辆的基础上，择优劣汰，对于不符合主管部门要求的车辆予以报废并更换，根据未来运输量的需求适时选择新增车辆。

五、车辆的采购流程

1. 根据需求制定采购计划并做好经费预算；

2. 考察并选择车辆供应商；

3. 公司召开会议，根据考察情况选定车辆供应商；

4. 签订采购合同并支付车辆订金；

5. 试车、验车合格后提车并支付尾款。

六、车辆采购要求

采购人员在考察时应将车辆的性能安全放在首位，根据车辆的运输路线长短及路况选择适合的车型，并与公司专业技术人员一同对车辆的外观尺寸、动力性能、安全性能，以及是否符合环保要求等各方面进行全面检查。

6.3.4 【范本】企业车辆采购合同模板

采购方（以下简称：“甲方”）：

法定代表人：

营业执照号码：

地址：

供货方（以下简称“乙方”）：

法定代表人：

营业执照号码：

地址：

为保障双方的合法权益，根据《中华人民共和国合同法》及相关法律法规的规定，本着平等互利的原则，甲、乙双方在平等互利、协商一致的基础上，就甲方向乙方采购车辆事宜达成如下协议：

第一条 签约资格及履约合法性保证

1.1 甲、乙双方是依法成立并有效存续的企业，具有独立的法人资格，持有有效的企业法人营业执照，并依法有权签订和履行本合同。

1.2 甲、乙双方为签署本合同所需的内部授权程序都已完成，签署本合同的是双方的有效授权代表，并且本合同一经签署即对双方具有法律约束力。

1.3 甲、乙双方签署本合同或履行各自在本合同项下的义务并不违反各自订立的任何其他协议或各自公司章程。

第二条　合同车型、数量及合同总价款

甲方同意向乙方购买、乙方同意向甲方出售下表所列车辆（以下简称“合同车辆”）：

车型	颜色	数量	单价（人民币）	总价款（人民币）

以上合同车辆共计价款（以下简称“合同总价款”）为￥______元，（大写：______元整）。

除上述金额的合同总价款外，甲方无须支付任何其他费用。

第三条　支付和结算

3.1　甲、乙双方在本合同项下发生的价款均以人民币支付和结算。

3.2　支付方式：

（1）合同签订之日起5个工作日内，甲方向乙方支付合同总价款的______%，即￥______元，（大写：______元整）；合同车辆运抵约定交货地点并经甲方验收全部合格后5个工作日内，甲方向乙方支付合同总价款的______%，即￥______元，（大写：______元整）。

（2）甲方应按上述约定的各期支付时间和支付金额将各期价款支付至本合同载明的乙方的账户。

3.3　发票开具：

（1）甲方应向乙方提供作为合同车辆最终用户的甲方分支机构名单及组织机构代码证复印件。

（2）乙方应当在收到每期支付款项后5个工作日内，向甲方开具符合国家规定的收款凭证。

（3）乙方应当在甲方提车后10个自然日内，根据甲方提供的分支机构名单，向甲方分支机构开具符合国家规定的销售发票。

3.4 如甲方提车前，乙方调低市场指导价格，乙方应按照合同总价款与价格下调比例的乘积对甲方进行价格补偿。价格补偿应在乙方宣布调价之日起10个工作日内，以现金形式汇至甲方指定账户。价格下调比例是指新市场指导价格与原市场指导价格的差除以原市场指导价格所得比例。

第四条 交货要求、交货地点及交货期限

4.1 交货要求

（1）乙方应根据合同车辆的不同特性和要求采取防潮、防雨、防锈、防震等保护措施，以确保合同车辆按期无损地到达交货地点。

（2）乙方交货时应向甲方交付有关的技术资料，并保证向甲方提供的技术资料是清晰、完整和正确的。

（3）乙方提供的合同车辆必须按照甲方提供的标识喷涂标准免费统一喷涂，并保证图形、字号、颜色等标准统一。

4.2 交货地点

乙方应根据甲方的要求，将合同车辆运抵甲方指定的地点______或距甲方指定地点最近的乙方中转库。

4.3 交货期限

4.3.1 乙方应在收到甲方支付的首期价款后30个自然日内，将合同车辆运抵甲方指定的地点并向甲方分支机构发出提货通知，运输费用及与此相关的装卸费用由乙方承担。

4.3.2 乙方应在实际运送合同车辆之前7个工作日向甲方通知运送的时间和预计运抵交货地点的时间，以便甲方做好验收和提货准备。

乙方要求变更交货期限，则乙方必须在合同约定的交货期限届满前

7个自然日提出变更交货期限的申请，取得甲方的书面同意。

甲方不同意变更交货期限，则乙方仍应在约定交货日期将合同车辆运达约定交货地点，否则应承担违约责任。如甲方在合同约定的交货期限届满前5个自然日未作任何表示的，视为甲方不同意变更交货期限。

第五条　质量标准与货物验收

5.1　乙方交付给甲方的合同车辆应当符合以下质量标准：

（1）符合中华人民共和国部颁标准及相应的技术规范要求；

（2）符合原厂的、与合同车辆同型号产品的质量标准；

（3）符合原厂的、与合同车辆同型号产品的配置标准和技术参数。

5.2　乙方交付给甲方的合同车辆应已通过工厂的质量测试和检验，乙方应向甲方提供质量合格证书。

5.3　合同车辆运抵交货地点后5个工作日内，甲、乙双方应派员参加验收，并签署车辆交接验收单。验收时应清点数量，确认外观是否完好，随车设备、零件、技术资料是否齐全。甲方验收人员对交付车辆的颜色、外观、数量、型号、随车物品等有异议的，应当场提出并在车辆交接验收单中载明；甲方验收人员未提出异议的，视为上述各项符合合同约定。

验收时，如发现设备存在明显的质量问题或零件、技术资料缺损，双方应签订货损证明，乙方应在货损证明签署之日起3个工作日内对设备、零件、技术资料予以更换或补齐，相关费用由乙方承担。在乙方更换或补齐前，甲方有权拒收存在上述问题的车辆。

第六条　所有权的转移和风险的承担

6.1　验收合格的合同车辆的所有权在甲方付清全部货款后转移给甲方。因乙方的原因导致甲方拒收部分车辆的，拒收车辆的价款应按合同约定的价格从合同总价款中扣除。

6.2 交货地点为甲方指定地点的，合同车辆自运抵甲方指定的地点并由甲方全部验收合格之时起，毁损、灭失的风险转由甲方承担；交货地点为距甲方指定地点最近的乙方中转库的，合同车辆自验收合格并交由甲方提出中转库之时起，毁损、灭失的风险转由甲方承担。

因甲方的原因致使合同车辆不能按照约定的期限交付的，甲方应当自违反约定之日起承担合同车辆毁损、灭失的风险。

因乙方的原因导致甲方拒收部分车辆的，拒收车辆毁损、灭失的风险由乙方承担。

第七条 售后服务和质量担保

7.1 乙方应按照随车所附的《使用维护说明书》提供售后服务，乙方授权其指定的售后服务机构对合同车辆提供售后服务。乙方对其指定的售后服务机构的行为承担连带责任。

7.2 乙方对合同车辆提供自交付之日起______年或______里程的整车质量担保。合同车辆在质量担保期内因制造、装配缺陷等原因造成质量问题，乙方按照随车所附的《使用维护说明书》中有关质量担保的规定处理。

7.3 乙方保证依本合同提供给甲方的合同车辆及资料不存在侵犯第三方知识产权的情形；如甲方因此遭受第三方的索赔或起诉，乙方承诺承担上述索赔或起诉导致的一切法律后果，并承诺支付甲方因此遭受的一切损失和费用。

7.4 甲方及其实际使用合同车辆的人员，如违反《使用维护说明书》规定造成合同车辆的损坏或故障，则不能获得质量担保服务。

第八条 违约责任

8.1 本合同任何一方违约，违约方应赔偿守约方因此遭受的损失。

8.2 甲方未按照合同约定的时间或金额支付合同价款，则甲方应自逾期之日起每日按逾期金额的______%向乙方支付违约金，但甲方该项违约责任累计不超过合同价款的______%。

8.3 乙方未按照合同约定的交货期限向甲方交货，则乙方应自逾期之日起每日按逾期交货货款总额的______%向甲方支付违约金。乙方支付违约金并不能免除乙方继续履行交货的义务。如果乙方逾期10个自然日仍未交货，则视为乙方不能交货，甲方有权就逾期交货的部分车辆解除合同，乙方应赔偿甲方因此遭受的损失。

8.4 乙方交付的合同车辆不符合合同约定的质量要求的，甲方有权拒收，因拒收导致的迟延交付，自甲方拒收之日起至乙方重新提供同等数量相同型号的车辆并验收合格之日止，乙方应按本条第8.3款的约定承担违约责任。

8.5 违约方支付违约金后，守约方还有其他损失的，违约方还应支付损失赔偿金。

8.6 守约方按照上述约定要求违约方支付违约金或损失赔偿金时，应书面通知违约方并注明违约金或损失赔偿金金额；违约方对违约金或损失赔偿金金额有异议的，应当在收到通知后5个工作日内向守约方提出；违约方没有提出异议的，应当在收到通知后5个工作日内将违约金或损失赔偿金支付给对方。

第九条 法律适用与争议解决

9.1 本合同的订立、效力、解释、履行和争议的解决均适用中华人民共和国法律。

9.2 凡因本合同引起的或与本合同有关的任何争议，双方首先应友好协商解决。协商不成的，任何一方均有权将争议提交中国国际经济贸易仲裁委员会，按照申请仲裁时现行有效的仲裁规则进行仲裁。仲裁裁决是终局的，对双方均有约束力。

9.3 合同各方根据本合同约定发出的通知或回复均应发至以下通讯地址，付款或收款应使用以下账号：________________。一方变更联系人、通讯地址或账号，应在拟变更的3日前将变更事项通知对方。变更方不履行通知义务的，应对因此造成的一切后果承担责任。

第十条 其他

10.1 本合同经甲乙双方法定代表人或授权代表签字并加盖公章后生效。本合同一式四份，甲乙双方各执二份，具有同等法律效力。

10.2 对本合同的任何变更或补充，须经甲乙双方协商一致，并另行签订书面补充协议。

甲方（盖章）： 乙方（盖章）：

签约时间： 签约时间：

CHAPTER 7 后勤管理

7.1 企业后勤管理

7.1.1 企业后勤管理的工作内容

由于企业后勤管理工作涉及的内容众多，且均与员工利益密切相关。因此，在市场竞争日益激烈、企业更新迭代逐渐加快的大环境下，做好企业后勤管理，不仅有助于提高员工的工作积极性、增强其对企业的归属感和凝聚力，更能够促进企业生产效率的提高，为其综合实力的增强奠定基础。

◆企业后勤管理工作的重要性

企业后勤管理工作的重要性主要体现在两个方面：

（1）企业后勤管理的基础性

企业后勤管理的工作重点不是企业的生产经营活动，而是与企业的生产经营相关的各个方面，其内容十分丰富，包括财产物资管理、房产管理及维修、水暖电气管理、伙食管理、汽车运输管理、医疗卫生管理以及其他服务管理等多个方面的内容。后勤管理的性质和内容也就决定了其会成为企业运营的基础，企业后勤管理水平的提高，可以为企业的长远健康发展奠定坚实的基础。

（2）企业后勤管理的保障性

企业的后勤管理工作是企业员工生活和生产的重要保障，其一方面能够为企业的生产提供充足的物质基础，使得企业的设备、基础设施等得到最大效率的利用，减少资源的浪费，提高企业的经济效益；另一方面，能够为员工的生活提供便利，尽可能保障员工的生活需要得到满足，增强员工的凝聚力和归属感，进一步保证企业的高效运转。

◆目前我国企业后勤管理的发展情况

与企业生产运营相关的采购以及基础设施的配备等众多内容都归属于企业后勤管理。可以说，企业后勤管理水平的高低，是企业能否持续稳定发展的重要前提。但是，目前我国很多企业的后勤管理工作都暴露出了严重的问题和漏洞，其中最为突出的一点表现为企业后勤管理部门大包大揽，工作重点不明确，这些做法使得企业的后勤管理工作目标及考核标准模糊不清。

◆后勤管理的工作内容

企业后勤管理的具体工作内容如表7–1所示。

表7–1　企业后勤管理的具体工作内容

序号	工作内容
1	负责企业后勤管理相关制度的拟订、检查、监督、控制和执行
2	负责组织编制企业后勤管理相关岗位的工作计划以及年、季、月度后勤用款计划，在适宜的时间节点开展行政后勤结算工作，并组织有计划地实施和检查
3	负责公司相关的水、电使用以及管理工作，比如，进行水、电的计量基础管理工作，并对计量器具进行及时检查和维修，抓好电气和线路的保养维修工作，对水、电费用进行认真核算并及时缴纳

续表

序号	工作内容
4	负责职工食堂管理工作，合理控制食堂支出，不断提升菜品质量，了解公司员工的就餐需求
5	负责职工就餐环境的卫生管理工作，确保员工就餐安全
6	负责企业内部的治安管理工作，比如，日常维护企业内部治安秩序，预防与企业相关的犯罪和治安灾害事故的发生，从而保护公司员工以及财产的安全，保障企业的正常运转
7	负责建立和完善企业安全责任制，尤其需要注意以防火、防盗、防灾害事故为主要内容的安全保卫责任制的制定，并努力做到责任落实
8	严格设立和执行门卫登记制度，对于一切进出公司的物资，都需要经过门卫检查和验证，如果不符合相关要求，门卫有权扣留，并报相关部门查处
9	建立和完善企业后勤岗位责任制，并严格进行相关考核，提高服务质量和水平
10	完成职责范围内的其他工作

7.1.2 企业后勤保障管理的基本原则

后勤保障工作是企业维持正常运转必不可少的组成部分，对于保障企业的健康、可持续发展具有极为重要的意义。但由于后勤保障工作的工作内容繁杂多变，因此后勤保障管理具有比较高的难度，很多企业的后勤保障工作花费了大量的财力、物力和人力，却问题频出。要提升后勤保障管理能力，就需要遵循基本的原则。

◆后勤保障工作存在的主要问题

企业后勤保障工作的问题虽然不尽相同，但基本可以归结为两大类：

（1）企业对于后勤保障工作重视程度不够

由于后勤保障工作的性质决定了其不能直接为企业创造效益，因此，有的企业管理者对后勤保障工作的重视程度不够。具体体现在：对后勤保障部门的投入较少，不舍得投入足够的成本；对后勤保障工作的定位靠后，未招聘足够的专业人员；企业内部成员对后勤保障工作思想上不够重视，不能积极配合后勤保障部门工作等。企业对后勤保障工作重视程度不够，直接给后勤保障工作的开展带来了比较大的障碍。

（2）后勤保障工作管理系统不完善

由于企业的生产运营会涉及大量的物资和人员，因此就需要提供一些辅助性的工作，保障企业的生产经营，比如对企业相关的房产、车辆、生产设备等进行采购和管理，对企业员工的工作和生活提供服务等。这些工作不仅工作量大、涉及物品和人员多，而且具有一定的临时性或突发性，因此需要进行清晰的规划，并制定尽可能完善的管理系统。

企业的后勤保障工作基本可以被划分为两大类：行政管理和后勤服务。如果后勤保障工作管理系统不完善，就难以与其他部门建立良好的合作关系，甚至可能影响企业的生产或发展。

◆后勤保障管理的基本原则

为了提高企业后勤保障工作的效率，为企业的生产经营提供充足的助力，企业后勤保障管理需要遵循如下基本原则：

（1）后勤工作以服务企业中心工作为原则

在企业的所有工作环节中，生产经营是企业生存与发展的根本，也是企业运营的中心，企业的所有工作都应该围绕生产经营展开。后勤保障工作同样需要以生产经营为核心，为企业生产经营的顺利开展提供辅助。

一方面，后勤保障工作能够为企业的生产经营提供助力；另一方面，企业生产经营工作的顺利开展，也是后勤保障工作得以开展的前提。企业的管理者应该重视后勤保障工作，并积极促进其他部门与后勤保障部门之间的协同，共同促进企业的健康发展。比如，后勤保障部门应该了解其他部门的需求，并制定详细的工作计划，提高中间过程的效率，促进企业的整体运转。

（2）后勤保障工作应服务与管理兼顾

后勤保障工作的性质，决定了其既具有服务职能，也具有管理职能，是企业的综合性职能部门。后勤保障部门的管理，与其他部门的管理有所不同，其管理的目的是服务，为企业其他部门提供更好的服务，是企业后勤管理工作的根本。因此，在具体的实践过程中，企业需要加强后勤保障管理，为企业的生产、业务等部门提供配套的科学化、现代化服务。

（3）后勤工作以有利于企业发展为工作原则

后勤保障工作的内容是为其他的部门提供服务，但其本质上，则是为企业提供服务。因此，后勤工作应该以有利于企业发展为工作原则，需要立足于企业全局和长远发展，尽可能满足各个部门的合理需求、协调与企业运营相关的事务和矛盾。

7.1.3 提升后勤部门的服务能力

后勤部门作为企业的综合性服务部门，需要提高其服务质量和能力，进而促进企业的发展。而后勤部门服务能力的提升需要着重注意以下几点：首先，提高后勤部门的协调能力，后勤部门工作的开展，需要与其他部门之间建立密切的联系，并进行积极的配合，而良好的协调能力是后勤工作得以展开的润滑剂；其次，后勤工作需要化被动为主动，只有主动发现需求、提前制定计划，才能提高工作效率；再次，后勤工作可以借助先进的信息技术，实现后勤保障工作管理信息化；最后，后勤工作应该建立在合理的管理体系上，后勤部门应该不断完善本部门的管理体系，提高工作效率。

◆提高后勤部门的协调能力

后勤部门的基本职能可以归结为服务和管理，由于其服务和管理的对象涉及企业内的所有部门和员工，因此为了保障服务的质量和管理的水平，需要尽可能增强后勤部门的协调能力，解决企业运营中存在的矛盾。比如，当企业中不同的两个部门均提出用车需求时，如果申请前往的目的地相同而时间不同，后勤部门则可以进行协调，在条件允许的情况下，可以两个部门同车前往，以节约用车成本。

此外，后勤部门在进行协调的过程中也需要遵循基本的原则，比如，以解决实际问题为主要目的、以企业的利益为协调切入点等。

◆将后勤工作化被动为主动

后勤部门所具有的服务职能，决定了其应该围绕企业的生产和发展，尽可能地提供积极、有效、全面的服务与辅助，激发员工的积极性和主动性。比如，在一些特殊的时间节点，后勤部门应该尽早将相应的物资分配到具体的部门，这不仅能够提高企业的运转效率，还可以避免各种矛盾纠纷的发生。

为了将工作化被动为主动，后勤部门应该加强与其他部门之间的沟通，提前了解各个部门的需求，并进行登记和分析，以便于后期工作的及时开展。

◆利用先进信息技术，实现后勤保障工作管理信息化

随着信息技术的发展，其相关的应用也获得了普及。信息化技术在各个领域的应用，不仅有利于实现资源共享，而且能够促进工作便捷化、高效化、智能化的实现。在企业的运行过程中，后勤部门也可以通过利用先进技术，实现后勤保障工作管理的信息化。

比如，借助于信息化技术，后勤部门能够更加及时准确地了解各个部门关于生产设备、生活物资等各个方面的需求，并进行及时存储和处理，有利于提高工作效率和工作质量。不过，在人手充足的情况下，后勤部门应该在利用信息化技术的同时，加强人工的定期检测和分析，以

便更好地服务于企业的生产发展。

◆不断完善后勤部门的管理体系，提高工作效率

后勤部门的工作应该建立在本部门的管理体系之上，因此，为了提高后勤部门的服务能力和工作效率，应该不断完善部门的管理体系。一方面，企业的后勤部门应该制定合理的管理制度，将各项工作内容落实到具体的个人；另一方面，建立管理内容登记记录制度，尽可能避免工作遗漏。以后者为例，企业的车辆以及大型设备的使用和维修记录都应该由后勤部门进行登记，办公用品等消耗品的购买、库存量等信息也应该及时登记，防止物品缺失影响企业正常生产。

7.1.4 创新后勤管理的模式及理念

在新的时代背景下，要加强企业后勤管理，就需要从理念、模式等多个方面入手，以全方位、多角度的工作模式，使后勤管理带动企业综合实力的提升。

◆强化后勤管理理念

要使企业后勤管理的系统更加完善、功能得到更有效的发挥，首先需要强化后勤管理理念。从企业发展战略的高度解读后勤管理所具有的价值，推动后勤管理工作的良性发展。

作为企业生产运营工作的重要辅助和补充，企业后勤管理部门所带来的凝聚性，能够保障企业生产运营工作的高效有序进行，并进一步带动企业整体效益的提升。要强化后勤管理理念认识，首先应该明确后勤管理工作的对象，提升企业后勤管理工作的地位，让企业中的所有成员都能够认识到后勤管理工作的价值，并自觉积极地进行配合，使得企业的各项工作得以高效开展。

◆更新企业后勤管理模式

随着市场竞争日益激烈，企业的管理模式也在不断更新。但在企业的具体管理实践中，后勤管理往往被忽视，成为管理模式更新的“漏网之鱼”。要保证企业管理模式更新后能够取得理想的效果，后勤管理工作不能继续维持形式化，更不能成为企业发展的负担。

更新企业后勤管理模式，首先，需要充分了解后勤管理理念，并积极学习优秀的经验，将先进的方法应用于企业后勤管理实践中，确保企业管理模式更新能够获得更好的效果，并带来更好的综合效益；其次，应该明确企业后勤管理的职能，从企业自身实际情况出发，满足员工的个性化需求，使得后勤管理工作的价值得到最大限度的发挥。

◆规范后勤管理归档建制体系

由于企业后勤管理工作内容庞杂，因此其顺利开展需要尽可能完善的档案体系。要加强企业后勤管理建设，必须规范后勤管理归档建制体系，并将计算机等相关技术应用于归档建制体系中，保证归档建制的可行性和科学性，有效提高企业内各个部门的协作效率。

◆提高后勤管理人员综合素质

要加强企业后勤管理工作，除了从认知、理念、体系的构建等方面改进以外，还需要加快提高后勤管理人员的综合素质。后勤管理工作的实施，落脚点是具体的人员，因此，高素质的人员队伍是必不可少的，并且是企业后勤管理工作能够高效运行的关键。在加强企业后勤管理的建设中，企业要积极选择素质高、专业性强的人员，并在日常管理工作中注重人员知识的更新和能力的提升。

7.1.5 【范本】企业后勤管理规章制度

为贯彻执行集团公司及分公司的各项规章制度，为使今后后勤的各项工作井然有秩序地开展，为保证安全生产，提高工作质量及效率，降低成本，减少材料损耗，结合集团公司“科学发展、协调发展、持续发展、稳定发展”的发展理念，做好本职工作，加强自身管理，配合服务于各项目部，现制定以下管理办法：

第一章 总 则

第一条 本办法适用于后勤工作的所有人员及进出后勤部门的各类人员。

第二条 本办法中提到的“科室”是指在后勤大院内的租赁项目部、安装项目部、钢筋项目部及材料科的各个办公科室。

第三条 本办法中的具体条款规定与公司制定的相关规章制度互为补充，相辅相成。

第四条 本办法由总则、科室管理办法、租赁部会计管理办法、租赁部保管管理办法、租赁部各班组管理办法、食堂伙房管理办法、宿舍管理办法、后勤车辆管理办法、门卫管理办法及奖罚管理办法等十个部分组成。

第二章 科室管理办法

一、严格贯彻、执行公司各项规章制度，加强科室管理，提高业务水平。

二、遵守工作时间，上下班不迟到早退。

三、遵守工作纪律，落实岗位责任制。工作时间坚守工作岗位，做到“四不”。即不串岗、不扎堆闲聊、不读报刊杂志、不在电脑上玩游戏。

四、执行请销假制度，需外出办公或处理事情的，需填写请假单，由分管经理签字后，交于门卫登记后方可出行，禁止工作时间私自外出离岗。

五、爱护公共财物，不得随意损坏公共设施，不得将后勤院内的物品私自带走己用。

六、后勤大院内要实行文明卫生管理，后勤院内的各科室、租赁部各班组、车间要按工作范围划分卫生管理区域，实行卫生管理责任制。

七、工作人员及外来人员的车辆要在专门的区域统一停放，并停放整齐，禁止在院内乱停乱放。

八、各科室要坚持集团公司的“节约、发展”精神。节约用电，节约使用各类办公用品，高效利用各类办公器材，杜绝浪费。

九、后勤各科室、班组每月1日和15日要组织有关人员进行日常检查，检查内容包括各科室班组的安全用电情况、文明卫生情况及日常制度落实情况等，具体检查办法按《后勤考核评分管理细则》执行，按评比结果进行奖罚，并将评比奖罚情况上报分公司安全设备科、生产办公室。

第六章　食堂、伙房管理办法

为了使后勤员工有一个良好的就餐环境，特做如下规定：

一、食堂伙房负责人必须认真执行卫生制度，室内门窗玻璃要明亮干净，天棚四壁无灰尘，无卫生死角，地面、面案、餐桌应干净、无渣和灰尘。生熟物品要分开使用。

二、剩余饭菜及时清理，粮食、蔬菜、肉食品等必须分开存放，妥善保管，正确使用防尘、防蝇、防鼠设施。禁止在伙房内洗衣服或进行其他不卫生的洗刷活动，保持干净卫生就餐环境。

三、厨师要经过体检，体检合格并取得健康证明后方可上岗。工作服应整齐、洁净。讲究职业道德，工作期间禁止抽烟、喝酒，要勤剪指甲、勤理发、勤洗澡、勤换工作服。

四、厨房餐具要整洁卫生，餐具用后及时清洗，严格消毒且摆放整齐。

五、采购人员要坚持比质比价，禁止购入劣质食品、调味品。

六、食堂伙房负责人要严格执行检查制度，做好食堂盈亏经济分析，保证账目清楚，每月要将具体账目报租赁会计、租赁经理。

七、分管食堂伙房的人员要做好饭票账面的管理，书面做好饭票的买卖记录，列出详细账目，每月报交租赁会计、租赁经理签字审查。

第七章　宿舍管理办法

为了使职工有一个良好的休息环境，现对职工宿舍做如下规定：

一、后勤大院内宿舍只限院内职工住宿使用，非后勤人员一律禁止在院内宿舍留宿，特殊情况必须经领导批准方可住宿。

二、住宿职工要自觉爱护公共设施，损坏公物要赔偿，严禁在墙上乱画、乱抹，禁止随地吐痰，如发现有人在宿舍周围大小便，违者罚款100元。

三、住宿人员要节约用电，合理用水，严禁私自拉线随意用电器、电炉、电褥子，违者罚款100元，没收电器设备。

四、在班职工不得随意进入宿舍，禁止在宿舍内赌博、酗酒，不准乱串宿舍，22：00点熄灯。任何人不得随意把易燃、易爆物品带进宿舍，确保职工住宿安全，违者罚款200元。

五、住宿人员要做到被褥叠放整齐，保持地面清洁，玻璃明亮干净，违者罚款50元。

六、住宿人员要服从管理人员的管理，自觉接受监督和检查，发现问题要及时向宿舍管理人员和公司汇报，以便及时解决。

七、所有住宿人员洗刷一律在洗刷池进行，严禁在宿舍内进行，违者罚款50元。

八、宿舍建立卫生值日制度，轮流负责打扫卫生、管理宿舍用电

（值日人员表要张贴在宿舍内显著位置）。

九、每月后勤有关人员进行不定期检查。

第九章　门卫管理办法

一、门卫人员要具有良好的政治素质和职业道德，责任心强，应了解和掌握院内人员情况。懂法、知法、守法，严格做好交接班记录。

二、值班期间坚守岗位，尽职尽责，不得睡岗、离岗。加强巡逻频率，熟记火警、盗警、急救及保卫人员电话号码，保证联络畅通。值班期间如发现睡觉、喝酒、脱岗人员，每次罚款50元，达到三次开除。

三、后勤安装红外线监控设备，要设专人管理，防止人为破坏，监控室内禁止闲人进入。

四、要对进出院内外来人员进行盘查，同时要文明礼貌，热情接待。外来人员到本单位找人，应由门卫人员联系，并做好外来人员出入登记记录，禁止外来人员自行进入车间和场区。

五、院内出场物资，保卫人员必须让其出示由有关人员签字的出门证，保卫人员按出门证开具的物资数量上车检查、核对，核对无误后方可放行。

六、门卫保卫人员应认真做好防火防盗工作，敢于向不良倾向作斗争，具有见义勇为精神，坚决打击各种违法犯罪活动，对表现突出的按规定给予奖励。

七、院内丢失物资、材料、电器等经查实后，门卫人员赔偿总损失的5%~20%，特殊情况从轻处罚。

八、门卫人员要保证辖区环境卫生的清洁，经常清扫，确保文明、清洁、整齐。

九、对宿舍内确需留亲属住宿的，必须经租赁部经理批准并在门卫进行登记，否则禁止留宿，发现一次罚款50元。

7.2 员工宿舍管理

7.2.1 员工宿舍管理的工作内容

很多企业的管理者之所以对员工宿舍管理重视程度不够，主要是因为对员工宿舍管理的内容不够明确。员工宿舍管理并不单单是为员工提供宿舍所需的基本物品，而应该涵盖员工的入住管理、卫生管理、安全管理、生活习惯的规范、电器设备的使用和维修、突发意外事故的应急处理等一系列内容。

◆员工宿舍的分类

员工的基本情况不同，对宿舍的需求不同，也就使得不同宿舍的管理方式也有所区别。一般来看，员工宿舍可以分为三种类型，每种类型的宿舍都有独属于自己的管理方式，如表7–2所示。

表7–2 员工宿舍分类与管理

宿舍类型	管理方式
单身集体宿舍	一般是企业为未婚且在本地无房产的员工提供的宿舍。由企业对其进行全方位的管理，比如防火、防盗、外来人员等管理等
员工家属住宅	一般是建立在单位附近的住宅区，可能由企业出资承建，以为员工减轻购房负担、为员工上班提供方便。由企业后勤保障部门或专业的物业管理公司对其进行管理
临时休息宿舍	一般是企业为有休息需求的员工提供的临时性休息场所，并不作为特定员工长期居住的宿舍使用。由后勤保障部门对其进行管理，管理的内容主要为宿舍的使用率以及物品的损坏情况等

◆员工宿舍的管理内容

与员工宿舍生活相关的事项，实际上均属于员工宿舍管理的相关内容。因此，不难发现员工宿舍管理内容繁杂而琐碎。

（1）宿舍设备及物品管理

为了改善员工的生活条件，为其宿舍生活提供更多便利，员工宿舍一般会配备一些设备和物品，比如饮水设备、家用电器、生活用品等。因此，企业就需要对宿舍内的设备和物品的使用、维修等进行管理，如表7–3所示。

表7–3 宿舍设备及物品管理方法

序号	管理方法
1	引导员工科学合理地使用宿舍内的设备和物品，在使用的过程中对其进行精心维护
2	相关的设备和物品出现损坏后，进行及时检修，不影响员工的正常使用
3	对具有一定危险性的设备或贵重的设备，可以采用刷卡使用的方式，并安排专人进行管理
4	加强对物品存储库房的管理，确保物品摆放合理、环境干净整洁、相关手续完备无误
5	及时给员工派发寝具等生活用品，且保证相关手续完备无误

（2）门禁卡、钥匙等物品的管理

为了便于企业进行管理、保证员工在宿舍区域内的相关财产安全，应该对门禁卡、钥匙等物品加强管理。对于门禁卡、钥匙等便于员工出入的物品，应该遵循严格的发放流程，并且在员工的门禁卡、钥匙等物品丢失后一定要及时进行登记。在条件允许的情况下，也可以采用刷脸等更加智能化的出入管理方式。

（3）宿舍卫生管理

由于大部分的员工宿舍属于集体居住区域，因此宿舍的卫生问题是宿舍管理的难点之一。由于宿舍的卫生状况直接影响员工的身心健康和住宿体验，因此可以采取以下措施对宿舍卫生进行管理，如表7–4所示。

表7–4 宿舍卫生管理方法

序号	管理方法
1	从思想上纠正员工的错误意识，宿舍属于公共居住区域，宿舍的卫生也需要大家共同努力
2	在各个宿舍委派宿舍管理员，并制定值日生制度，由当日的值日生对宿舍使用范围进行卫生清理

续表

序号	管理方法
3	及时购置清洁剂、拖把等清洁用品，便于员工使用
4	不定期对宿舍卫生进行检查，并现场督促整改

（4）宿舍安全管理

宿舍安全管理主要包括两方面的内容：一是对于外来人员安全隐患的管理，宿舍的居住对象为企业的员工，其他外来人员的进入不仅会增加管理难度，而且可能带来安全隐患；二是对于环境或物品隐患的管理，比如员工私自使用违规电器可能引发火灾，严重影响宿舍员工的生命财产健康。

（5）宿舍服务管理

宿舍是员工休息和休闲的主要场所，对员工宿舍的管理不应该仅限于对相关物品等方面的管理，还应该对宿舍服务进行管理，如表7–5所示。

表7–5 宿舍服务管理方法

序号	管理方法
1	充分发挥宿舍内部服务设施的作用，并组织一些常规性的服务活动，比如为员工提供理发等服务
2	活跃员工的文化生活，在中秋节等特殊的时间节点组织员工进行聚餐或举办文体活动
3	针对员工的工作特点，为有需要的员工提供特殊服务，如为有夜间加班需要的员工提供辅助性服务等

7.2.2 企业员工宿舍管理的岗位职责

由于员工宿舍管理的工作量大且具有比较高的难度，因此，很多企业的宿舍交由专业的第三方机构进行管理。但不管企业自己管理还是由第三方管理，企业的后勤部门都需要承担一定的宿舍管理职责。在宿舍管理中，后勤部门扮演着重要角色。员工宿舍管理方面遇到的各类问题之所以能够得到顺利解决，离不开后勤部门的支持和配合。

◆员工宿舍的规划和调整

由于员工宿舍人员流动性大，而且不同部门员工的作息时间可能具有一定的差异，因此，为了尽可能保证员工的休息质量，需要对宿舍进行提前规划和适当调整，而企业后勤部门需要配合宿舍管理方对员工宿舍进行规划和调整。规划和调整可以参考以下原则，如表7–6所示。

表7–6　员工宿舍规划调整原则

序号	规划与调整原则
1	按照厂区、车间、班组等单位进行宿舍楼、楼层、房间划分，尽可能保证同单位的员工划分为同一宿舍区域
2	对于车间、班组等未明的新员工，统一安排在固定房间，待具体分配后再进行宿舍调整
3	当个别成员的上班时间发生变动后，可以依据相关情况进行调整
4	当个别班组或车间的所有成员上班时间发生变动时，可以依据相关情况进行调整
5	当企业内部班次发生比较大的变动时，可以对员工宿舍进行重新规划和调整
6	频繁进行员工宿舍调整可能会对员工的生活造成比较大的影响，因此调整时应该尽可能一次到位

此外，当发生成员离职等需要搬离员工宿舍的情形时，后勤部门也应该及时与宿舍管理方进行沟通，跟进办理退宿手续，及时更新空房资源。

◆开展多项评比活动

在员工宿舍的日常管理过程中，由于成员素质等方面的差别，不同宿舍的卫生环境也会具有比较大的差别。而良好的宿舍环境不仅能够提升员工的身心愉悦感，还可以体现企业文化，对员工形成正向引导。为此，在宿舍的管理过程中，后勤部门可以组织开展多项评比活动。

通过安排专门的后勤人员对员工宿舍环境进行检查，可以定期组织各工厂车间对宿舍“5S”进行检查评比，将评比的结果在企业内部进行通报，并执行一定的奖惩措施。在集体宿舍“5S”评比活动中，可能会出现个别缺乏集体荣誉感的员工，对于这部分员工，就需要后勤部门进行正确的引导，激发他们的集体意识和荣誉感。

此外，对于员工宿舍所遭遇的一些突发事件，也需要由后勤部门与企业主要负责人进行联系，并协调各方进行针对性处理。

7.2.3 企业员工宿舍管理的优化方向

在人才流动性日益加快的时代背景下，企业越来越提倡人性化管理。真正人性化的管理方式，不仅有利于增强员工对企业的忠诚度，还能够提升其工作的积极性和主动性。但在具体的实践中，很多企业的管理却并未做到真正的人性化。

以员工宿舍为例，很多企业的员工宿舍问题颇多，不仅宿舍环境脏乱差，而且存在各种安全隐患。员工宿舍是企业为员工提供的重要福利，是员工主要的休息场所。如果员工的休息质量难以得到保障，必然会影响其工作效率。长此以往，员工的流失率会愈来愈高，企业就需要拿出更多的成本用于人才招聘。

员工宿舍管理看似并不重要，实际也是企业团队管理的一部分，有利于培养员工的团队意识和职业习惯。而且，由于员工宿舍管理涉及的人员众多、事情琐碎，是一项长期性的工作，具有比较高的难度，因此也需要企业的管理者给予足够的重视，并在以下几个方面进行优化。

◆持续完善宿舍配套设施，为员工生活提供便利

随着企业的不断发展，员工宿舍的配套设施也应该持续进行完善，具体措施如表7–7所示。

表7–7 员工宿舍配套设施完善方法

序号	完善方法
1	为了便于员工宿舍管理、保证员工的财产安全，可以为员工宿舍设立统一的智能门禁系统
2	为了方便员工的日常生活、丰富其精神生活，可以为员工宿舍添置电视机、洗衣机、电脑等设备，并尽可能保证宿舍区域内的无线网络全覆盖
3	为了满足员工的多种需要，可以在员工宿舍区设置健身房、理发店、电影院、图书馆等，让员工在休闲时间有更多的选择

◆美化宿舍内外环境，创造良好的住宿条件

为了弘扬企业文化、促进员工的身心健康发展，宿舍管理者应该从多个层面对宿舍内外的环境进行美化，具体措施如表7–8所示。

表7–8 宿舍环境美化措施

序号	具体措施
1	通过色彩美化环境，可以将宿舍走廊、楼道两侧等进行粉刷
2	通过植物美化环境，可以在宿舍区域种植多种植物，并在宿舍内部放置便于管理的盆栽
3	通过企业文化活动美化环境，可以在宿舍区域内的展示区展示企业组织的各种活动
4	通过员工作品美化环境，可以将各具特色的员工绘画、书法等作品进行灵活展示

◆提升宿舍管理人员的业务水平，向物业化管理看齐

良好的员工宿舍环境的打造依赖于宿舍管理人员的管理，而宿舍管理人员的业务水平也应该努力向物业化管理看齐，具体改进措施如表7–9所示。

表7–9 宿舍管理人员提高业务水平的两大措施

序号	具体措施
1	定期组织宿舍管理人员集中培训和学习，加深其对常规的业务管理、突发事故的应急处理等内容的熟悉
2	组织宿舍管理人员进入周边小区进行参观学习，与优秀的物业管理团队进行交流，汲取实用的管理经验，提升自身管理水平

对员工宿舍加强管理的主要目的是为广大员工提供良好的生活环境，保证其能够以更好的状态投入到企业的工作中。同其他领域的管理一样，员工宿舍管理也需要不断优化，除了以上提到的几点之外，其他与员工宿舍生活相关的事项也不应忽视。

7.2.4 【范本】员工宿舍管理制度细则

一、员工入住

1. 本公司员工可根据各自情况选择是否在公司宿舍居住，公司有权审核员工是否适合在公司宿舍住宿或管理公司宿舍。

2. 本公司宿舍只提供给本公司员工居住，未经批准不得留宿外来人员。如有需要进入宿舍的一律在企管部进行登记。

3. 有传染病或有不良嗜好者不得住宿，一经发现要立即报告，并及时采取有效措施。

4. 住宿舍的员工必须服从公司安排的房间和床位，未经批准不得擅自入住或私自更换床位、房间。凡是住宿在公司宿舍的员工，必须服从公司的管理并遵守《员工宿舍管理制度》，若有违反者，公司将视情况轻重给予不同程度的处罚，最高可取消入住资格并移交公安机关处理。

5. 所有住宿员工因事退房或离职时，到企管部办理取消住宿手续，交清钥匙、用具等并办理交接手续。在正式离职之日起的2天内在企管部或宿舍长人员的陪同下搬离宿舍。

6. 每晚门卫在22：00准时锁公司大门。22：00后非重大理由（出差、重病等）不得出入，如有需要出入的人员必须在警卫室的《外出人员登记表》登记，并由门卫签字批准后将大门锁好。

二、宿舍规定

1.严禁在休息时间影响他人休息，即22：00~06：00时间段内，严禁在宿舍内大声喧哗、练习乐器、播放大功率音响等，22：30后所有宿舍必须关灯。

2. 严禁自行改装电源插座、更改线路电制。自觉节约用电，注意用电安全，除手机充电器之外，未经公司许可，不得在宿舍内使用电热管、电炉、电饭煲、电水壶、电暖器等其他家用电器。凡发现宿舍存放有以上等高耗电器具的，均按正在使用处理，除没收器具外，还要一并予以罚款。

3. 严禁拉帮结派、挑衅、起哄闹事。

4. 严禁私藏公共物品，贮存有毒、易燃、易爆、凶器、武器及其他违禁物品。

5. 严禁赌博、酗酒、打架、盗窃及其他违法乱纪行为。

6. 严禁无故摆弄和自行移动消防器材。

7. 严禁翻弄他人的行李及衣物等，违者视为偷窃行为。

8. 最后离开宿舍的员工必须将电灯、门窗关好。

9. 严禁饲养任何动物。

三、卫生值日

1. 公司宿舍实行宿舍长负责制，宿舍长由宿舍的员工推举并报公司同意后产生，宿舍长负责安排宿舍卫生值日表，监督卫生值日员工作，检查房间设施，申报日常维修，检查排除安全隐患，安排入职人员床位，清点离职人员物品，组织宿舍定期进行卫生大扫除等。

2. 宿舍全体人员按照宿舍长安排的值日表轮流担当卫生值日员，卫生值日员负责当天的宿舍卫生打扫和保洁，提醒各员工按要求整理个人床铺、物品，力求整齐划一。

3. 公司办公室每月不定期进行宿舍安全、卫生等方面检查，对存在的安全隐患、卫生死角及时提出整改意见，限期处理完毕。对检查中连续不合格者，予以通报批评并全体罚款，情节严重的，取消住宿资格。

四、物品管理

1. 宿舍配备的设施物品，由宿舍长进行监管。入住后由公司指派专人进行清点后与宿舍长进行确认，确认文档一式两份，公司存档一份，宿舍张贴一份。

2. 宿舍内非私物品由宿舍长负责保管，员工不得私自拆换、占用、损坏。

3. 宿舍内非私设施，非自然损坏的由责任人照价赔偿，不能明确责任归属的由宿舍内人员平摊赔偿费用，自然损坏及时报公司维修。

4. 宿舍内非私设施，未经宿舍长批准，不准私自搬离宿舍，否则从工资中作价扣除。

5. 宿舍内个人物品须按规定摆设，贵重物品和证件等（如现金、贵重饰品及其他物品）自己妥善保管，如有丢失，责任自负。自觉爱护公物，损坏公物照价赔偿。禁止在地面、墙壁、阳台上乱贴、乱挂、乱涂、乱画，禁止私自凿洞、打钉、拉线等。

6. 辞职或解聘人员在办理离职手续后，三日内须搬离宿舍，离职人员搬出宿舍时，由宿舍长组织相关人员在场，确认均系个人物品后，予以放行，汇报公司后，予以结算工资。

五、除原价赔偿外，违反以上任何一项规定者，罚款50~500元/人次。

六、本制度自公布之日起执行，由公司办公室负责解释和监管，并在执行过程中不断进行修改和补充完善。

7.2.5 【表格】员工宿舍管理标准规范

<table>
<tr><th colspan="5">员工宿舍管理标准规范</th></tr>
<tr><th>序号</th><th>类别</th><th colspan="2">标准</th><th>备注</th></tr>
<tr><td>1</td><td>床面</td><td colspan="2">1.床面、床单必须干净整齐，无褶皱；
2.被子按军队要求叠放，折叠三折或四叠，以中间线为准，分别从两端向中间进行折叠，并进行对折，呈方块状；
3.同一宿舍内所有被子须朝同一方向、同一位置摆放于床头正中央；
4.所有枕头统一放置于被子上方且方向保持一致；
5.床上不得悬挂衣物等个人物品</td><td></td></tr>
<tr><td>2</td><td>床下</td><td colspan="2">1.床下每人摆放鞋子仅限两双，鞋子鞋头统一朝外；
2.鞋子摆放位置使用黑黄胶带粘贴定位线，鞋子严格按照定位线位置摆放；
3.行李箱或其他物品应放置于衣柜内或统一放置于房间一角</td><td></td></tr>
<tr><td>3</td><td>墙面
地面</td><td colspan="2">1.墙面除悬挂规章制度外，不得悬挂其他装饰物或个人物品；
2.墙面悬挂宿舍管理规定；
3.军容镜悬挂于墙面保持竖直不得歪斜；
4.地面干净整洁、无杂乱物品摆放</td><td></td></tr>
<tr><td rowspan="3">4</td><td rowspan="3">物品
摆放</td><td>脸盆架</td><td>1.宿舍放置一个等同宿舍人员数量的三角形不锈钢脸盆架，并用2厘米宽的蓝色绝缘胶带进行定位，禁止私自挪动位置；
2.脸盆统一排放到脸盆架上，脸盆内只能摆放牙刷、牙膏、牙缸和香皂盒，毛巾搭放在脸盆朝外方，向下凸出10厘米，上、下沿与地面平行，所有毛巾摆放位置、方向须统一</td><td rowspan="3"></td></tr>
<tr><td>晾衣架</td><td>利用镀锌钢管焊制一定数量的晾衣架，合理摆放，并按照衣服的长短（由短到长）进行规范悬挂</td></tr>
<tr><td>桌椅</td><td>每个宿舍只允许摆放一套桌椅，摆放位置合理，桌面干净整齐，无杂物摆放</td></tr>
<tr><td>5</td><td>储
物
柜</td><td colspan="2">1.在宿舍内找到合适位置摆放储物柜，并用黑黄胶带粘贴定位线，不得擅自挪动位置；
2.每个柜子按要求设置责任人及编号，并将责任人编号粘贴于柜门右上角处；
3.储物柜表面除编号外不得粘贴其他装饰物；
4.储物柜顶不得放置任何私人或其他物品；
5.柜内物品须折叠、摆放整齐，无杂乱</td><td></td></tr>
</table>

续表

员工宿舍管理标准规范				
序号	类别	标准		备注
6	卫生管理	管理制度	1. 宿舍张贴值日管理制度及值日排班表，每天须合理排班且安排一人进行卫生打扫，每天早8点之前打扫完毕，打扫区域包括室内、公区地面、墙面、玻璃等； 2. 宿舍内地面、设施设备、公区地面、玻璃每天清洁一次； 3. 室内墙面、公区墙面、玻璃每周至少清洁一次	
		卫生标准	1. 室内、公区地面每天打扫一次，地面无杂物、水迹、灰尘； 2. 墙面、地面、天花板、墙壁无污迹、蜘蛛网，桌椅摆放整齐、无明显灰尘，窗户明亮干净，洗手间地面无水渍、水迹，卫生间无污垢、异味； 3. 及时清运垃圾桶垃圾并更换垃圾袋； 4. 宿舍墙面不得有手印、脚印、痰迹等污迹	
7	清洁工具	垃圾斗、小扫把、垃圾桶摆放整齐，并用黑黄胶带进行定位，垃圾桶每天要套袋且不能超过桶身三分之二		
8	宿舍纪律	1. 自觉维护公共卫生，保持室内整洁、美观和统一； 2. 未经同意，不得在他人床铺休息，动用他人物品； 3. 不准在室内酗酒、抽烟、赌博、大声喧哗； 4. 不得在宿舍区域内使用大功率电器、不得有私拉乱扯现象； 5. 离开宿舍应及时关闭照明灯、电器、水龙头等，严禁出现长明灯、长流水现象； 6. 严禁在宿舍存放易燃易爆、有毒有害物品等		

7.3 企业食堂管理

7.3.1 员工食堂管理存在的问题

企业管理工作涵盖与员工工作和生活相关的各个方面，其中，员工食堂管理也是企业管理的重要组成部分，在一定程度上对企业的发展和建设起着至关重要的作用。在企业的发展过程中，企业的管理者应该基于企业的发展情况，不断提高员工食堂管理水平，提升企业的整体竞争力。

员工食堂管理水平的高低，不仅体现了企业能否为员工营造良好的生活环境、是否具备健全的员工福利机制，更是直接与员工的工作积极性相关联，直接影响员工的工作效率的提高和个人潜能的发挥。因此，企业的管理者必须高度重视员工食堂管理工作。

在企业管理工作的具体实践过程中，与企业运营表面上看来更为相关的事项往往会成为关注的重点，而员工食堂管理工作则经常被忽视。但实际上，员工食堂的管理水平直接体现了企业的发展水平，是企业整体竞争力的重要衡量标准。

但在当前，很多企业的员工对企业内部员工食堂的满意度并不高，造成这一现状的原因主要是员工食堂的性质是企业运营的辅助配套部门，员工食堂要么交由后勤保障部门管理，要么由外部机构承包。就前种情形来看，由于后勤保障工作的内容繁杂、精力有限，而且由其经营食堂缺乏必要的竞争。而就后种情形来看，外部承包机构追求的重点在于利润，对食堂餐品品质和服务质量的重视程度不够，这就造成了企业中的员工食堂存在诸多问题，具体如表7–10所示。

表7–10　员工食堂管理存在的三大问题

问题	具体表现
缺乏卫生监督意识	对员工就餐而言，餐品以及就餐环境的卫生状况尤其需要重视。因为员工食堂的卫生状况直接影响食品安全，如果卫生不能得到保证，不仅会影响员工的就餐体验，还可能导致严重的食品卫生问题，给企业员工的身心健康和企业的正常运营造成不良的影响。但是，很多企业的员工食堂经营方往往只考虑所得利益，而缺乏应有的卫生监督意识。比如，未安排足够的人员进行卫生清理，导致食堂环境脏乱不堪；未按照相关标准对食材和餐具进行清洗，导致食材和餐具细菌超标；未安排专门的人员进行卫生检查和记录等

续表

问题	具体表现
从业人员缺乏职业培训	与其他的部门一样，员工食堂如果要提供令人满意的服务，相关的从业人员也需要经过专门的职业培训。但很多企业的员工食堂经营方，尤其是外包的经营方，往往为了节约成本，不进行相关的职业培训，而且从业人员的流动性大，不仅不具有相关的从业资格证书，还可能携带病菌，有些从业人员甚至对食堂的操作要点都不了解。这样的情况，就容易给员工用餐带来安全隐患
进货渠道不正规	员工食堂经营，餐品的品质是关键。如果为了节约成本等，不从正规的渠道进货，就难以保证食材的品质和安全，自然也会降低员工的用餐满意度

7.3.2 提高食堂管理水平的措施

◆从成本抓起

要提高职工食堂的管理水平，首先需要注意食堂运营成本的控制。对成本的管理，不仅能够体现职工食堂管理的水平，更与企业的发展直接相关。对职工食堂成本的管理需要抓住两个关键点，如表7–11所示。

表7–11 职工食堂成本管理的两个关键点

关键措施	具体内容
采用科学合理的成本核算系统	企业可以通过员工人数、市场行情等多个维度对企业的职工食堂进行投入核算，既要根据企业的整体预算进行衡量，也要在实际的采购过程中精打细算
杜绝用餐浪费	首先，应该从思想上引导员工认识浪费食物的危害，提高员工的思想觉悟；其次，职工食堂的管理应该依据健全的规章制度，明确规定员工不得随意浪费食物，并对严重浪费的行为予以相应的惩罚

◆从品质抓起

餐品的品质直接影响员工的就餐体验，是职工食堂管理的重中之重。要保证食堂出餐的品质，需要从以下两个方面入手，如表7–12所示。

表7-12　保证食堂出餐品质的两大措施

关键措施	具体内容
菜谱制定符合员工需求，并贴近季节变化	食堂相关管理人员在制定菜谱时，可以在预定的时间内深入员工之中进行访问和调查，尽可能地满足员工的不同需求。此外，随着季节的变化，食堂食物的采购也应该随之变化，尽可能提供品质有保证的餐品
保证食品卫生，并安排专门人员不定期进行检查	企业还应该从各个环节加强对员工食堂的监督和管理。比如，在食材等材料的采购环节，管理人员应该制定公开透明的招标政策，并核查中标方是否符合政策要求；对于所有采购的物品进行严格的品质检查，严禁不合格食材等进入员工食堂；对于食堂运营的安全情况进行监督，谨防火灾等可能威胁员工生命安全的意外事故

◆做好协调工作

具备开设职工食堂条件的企业，一般都具有一定的规模，这样的企业不仅员工数量多，而且涉及的员工工种、饮食偏好、工作节奏等可能具有比较大的差异。因此，企业以及职工食堂的管理者，应该在充分进行员工调查的基础上，尽可能做好相关的协调工作。比如，就员工的口味、就餐的时间等进行针对性的安排，尽可能满足员工的就餐需求。

◆注重员工福利

职工食堂本质上属于企业福利的一部分。因此，职工食堂的管理，也应该注意与员工福利相结合。比如，在员工生日、三八妇女节等特殊的时间节点，进行有针对性的安排，尽可能给予员工生活上的关怀，以增强其企业归属感。

7.3.3　加强食堂员工的队伍建设

企业食堂管理的重点之一就是食堂对从业人员的管理，而对从业人员的管理需要立足于两个维度：其一，提高食堂从业人员素质；其二，加强食堂管理人员的队伍建设。

◆提高食堂从业人员素质

依据餐饮业的6T管理模式，企业的员工食堂也需要每天安排专门的人员进行清洁、检查、改进等。此外，为了提升食堂从业人员的素质，应该设置并执行从业人员准入制度，并且在符合要求的员工进入后，定期进行健康体检和相关培训，提高从业人员的综合素质。

对于员工食堂从业人员的培训应该尽可能全面。比如，对餐饮知识、法律法规、职业道德、服务礼仪等方面的培训，都能够提升从业人员的素质，从而增强员工食堂的餐品质量和服务品质。对于培训的周期，则可以采用定期培训和不定期培训相结合的方式，既需要定期开展常规培训，也需要不定期开展内容灵活的培训。通过系统的培训和学习，使员工食堂从业人员的素质不断提高。

◆加强食堂管理人员的队伍建设

对于食堂管理人员的队伍建设，应该涵盖多个方面的内容。其中，有两点需要特别引起重视：

（1）完善食堂管理制度，制定严明的纪律

因为员工食堂的运营涉及采购等环节，所以在食堂管理制度不够完善、纪律不够严明的情况下，食堂的个别管理人员可能会因为职务之便以权谋私。对于这部分管理人员，企业要加大查处力度，并且进行严厉打击，根据相关的纪律和规定取消其管理资格。

（2）建立健全内部管控制度，杜绝浪费现象

在员工食堂的运营过程中，如果未建立健全的内部管控制度，就有可能导致浪费现象。长期的浪费会带来不必要的资金消耗，加大食堂运营的成本。因此企业的管理人员需要以身作则，树立“节约光荣，浪费可耻”的观念，在管理的过程中倡导员工减少浪费。

7.3.4 注重员工的膳食营养管理

员工食堂的管理首先需要相关的管理者和经营者树立正确的意识。企业的管理者应该对员工食堂的管理足够重视和支持，食堂的直接管理者也应该秉承为企业、为员工服务的态度，通过双方的合作，积极探求科学化、人文化的食堂管理之路。

在员工食堂的众多经营落脚点中，重中之重就是员工的膳食营养管理。而膳食营养管理具体到实践中则需要从两个层面入手：企业员工的营养需求和特定人群的营养管理。

◆充分了解员工的营养需求

员工食堂的经营应该建立在对基础营养知识和员工需求充分了解的基础上，尤其对于员工的营养需求来说更是如此。由于涉及全体员工，因此需要食堂与员工之间进行及时有效的双向沟通。

一方面，食堂需要定期发布食谱。食谱内容应该尽可能通过员工容易获得的途径进行公布，例如可以在企业公众号、企业微信群、食堂内的醒目位置等进行公布，便于员工查询和反馈意见。

另一方面，食堂应该积极了解员工的需求、征求员工的意见。食堂管理者可以通过问卷调查等方式了解企业员工对于膳食品类、分量等方面的需求，还可以建立反馈簿、信息反馈电话制度等，使员工能够方便地将信息反馈到管理部门，促进员工食堂的不断改进。

◆重视特定人群的营养管理

任何一个企业中都会有一些具有特殊需求的人群，对这部分人群需求的重视，能够体现企业管理的人性化，有利于提升员工对企业的忠诚度，促进企业的良性发展。

特定人群的营养管理，主要指的是对患有慢性疾病或身体处于特殊时期的群体的营养管理，比如对患有糖尿病、慢性胃肠道疾病以及孕期、哺乳期员工的营养管理。这部分群体往往对饮食有一些特殊的需求，为其制定相应的营养管理预案很有必要。因此，食堂的管理者可以对企业员工的基本情况进行充分了解，然后根据员工中具有不同营养需求的群体的实际情况制定管理方案，尽可能使员工不同的个人需求得到满足。

7.3.5 【表格】企业食堂管理检查规范

企业食堂管理检查规范						
						年　月　日
序号		检查内容	整改要求	完成时间	责任人	备注
餐厅管理	1	餐厅门前干净整洁，无乱停乱放现象。门头字无损坏无脱落现象				
	2	前厅桌椅摆放不整齐，桌椅有破损（5张以上未及时修理）、桌面有油污，地面有卫生死角。收残不及时				
	3	餐后收残不及时，收残台油污，垃圾桶不及时清理，或未加盖，有异味				
	4	餐厅玻璃门、门帘、窗户不清洁，或乱贴乱画				
	5	餐厅电器线路开关有老化现象，灯泡有损坏，不及时更换，风扇、空调等电器生锈未及时清理				
	6	墙壁窗台有积尘、蜘蛛网，未安纱窗或破损未及时更换，墙体脱落未及时处理				
	7	各员工上岗未按规定统一着装，工作服不干净，不戴工帽、口罩、手套				
	8	餐厅吊顶扣板脱落、有蜘蛛网				
	9	预进间用具摆放不整齐，卫生不符合要求				

续表

序号		检查内容	整改要求	完成时间	责任人	备注
售卖管理	1	售卖台橱窗未按要求粘贴，照射灯不亮，灯罩褪色严重，影响菜品整体效果				
	2	售卖台设备有油污，未及时更换添加热水，导致设备腐蚀或有异味				
	3	售卖台下方物品摆放不整齐，有卫生死角				
	4	售卖台使用的刀具未及时收到台下				
	5	员工上岗时擅自外出，或未经允许带领与餐厅无关人员进入工作区域				
	6	员工在工作区域抽烟、奔跑、打闹、聊天、交头接耳、倚窗倚台玩手机				
	7	员工四勤未达标，女员工披肩散发，发型怪异，男员工胡须过长				
	8	保洁柜餐用具摆放不整齐、存放私人物品				
	9	售卖餐用具未洗净，有油污，有异物				
	10	售卖准备工作不充足：人员到岗不及时，菜品未及时上齐，地面卫生打扫不及时，米饭及汤未及时提供，餐用具未及时补充齐全				
	11	售卖时要做到微笑服务，使用礼貌用语，不得与员工发生口角				
	12	售卖过程中菜品不够，未及时通知大灶加菜				
	13	售卖结束未及时清理卖台及地面卫生				
	14	售卖数据及支付宝、微信数据未及时进行专人统计				

续表

序号		检查内容	整改要求	完成时间	责任人	备注
售卖管理	15	菜品摆放凌乱，未按公司菜品结构标准摆放，未明码标价				
	16	免费汤未有专人提供				
功能间管理	1	大灶间原材料架摆放不整齐。调料台不整洁，调料盒有生锈现象				
	2	大灶间未配备消防器材（灭火器、灭火毯）				
	3	灶台烟罩、墙面、灶台封板未及时清理，有安全隐患				
	4	灶台下方、地沟不及时清理，有卫生死角，排水不畅				
	5	大灶间未做到人在火在，人离火灭，存在消防隐患				
	6	大灶间废弃物、垃圾及地面未及时清理，餐后地面有积水				
	7	加工完成未及时关闭水、电、气的开关及燃气总阀门				
	8	大灶间收档不及时，有食品安全隐患				
切配间管理	1	货架、毛菜筐、净菜筐不干净、有污垢。菜筐未分类分装				
	2	原料有发芽、变质、腐烂、发青现象				
	3	切配间菜板发霉、刀具生锈。菜板及抹布未分色、分类使用				
	4	素菜未按要求一拣，二洗，三切，发现异物				
	5	荤菜、蔬菜加工未按公司规定器皿存放				
	6	原料加工未按当日菜单定量切配，有大量加工改刀存储现象				

续表

序号		检查内容	整改要求	完成时间	责任人	备注
切配间管理	7	暂时用不完的原料未及时装入专用器皿，荤素未分开，未加膜加盖放入冰箱				
	8	切配完成后，用具未清洗干净、摆放规定位置。未保持地面卫生干净无积水，垃圾桶未加盖，未及时清理				
面点间管理	1	加工原料有发霉、虫蛀、变质现象				
	2	馅料有大量加工存储现象，未按量加工，剩余馅料未放入指定专用冰箱保存				
	3	严格按照国家标准使用添加剂。无专人、专柜、专用（不得使用含铝泡打粉）				
	4	成品未及时放入专用橱柜内，做好防蝇、防尘措施				
	5	剩余原料未放入专用容器内加盖存放				
	6	工作结束，所有用具未及时清洗消毒、放到指定位置，机器设备未清洗干净				
仓库管理	1	仓库未做到清洁整齐、通风良好，未做好防火、防盗、防鼠、防虫、防霉变等工作				
	2	仓库原材料未分类存放，未分架离地20厘米，摆放不整齐，地面不清洁				
	3	仓库原料未做到先进先出，有原料过期、霉变现象				
	4	仓库存放有毒、有害、易燃易爆、化学原料及与食品无关物品，或私人其他非食品物品				

续表

序号		检查内容	整改要求	完成时间	责任人	备注
仓库管理	5	无包装食品原料，调料未用无毒无害容器加盖存储，未注明品名				
	6	仓库摆放私人物品				
	7	餐厅废纸盒等变卖要有记录，要有2人签字，钱款上交财务				
	8	仓库实物与台账不相符，赠品要有记录入库				
	9	仓库原料标识标牌不清晰、定位不准确				
表格管理	1	公司规定表格填写不规范，有造假现象				
	2	每日菜单与实际菜品不符合				
	3	餐用具没有按规定消毒，没有消毒记录				
	4	申购单没有按规定用黑笔填写数量，验收用红笔填写				
	5	食品添加剂领用未及时填写领用记录				
	6	没有及时填写档口原材料进货记录				
	7	卫生巡检记录未填写				
	8	未定期开班前会，没有给员工及时进行培训，没有培训记录				
采购管理	1	采购到不符合食品加工要求的原料（发霉、变质、发芽等），或购买到“三无”产品，有食品安全隐患				
	2	采购食品容器用具、洗涤剂等要符合国家卫生标准				
	3	采购新鲜肉类原料，要有相关单位的准销证、检疫证、营业执照				
	4	采购过期/临期的包装类原材料				

续表

序号		检查内容	整改要求	完成时间	责任人	备注
采购管理	5	验货秤脏、不准，未及时矫正，没有记录				
	6	验货未按公司规定的1+3模式进行，最少2人参加				
	7	采购原料与申购单不符				
	8	验货区未安装监控或监控画面不清晰				
安全管理	1	未定期召开安全会议，并有记录				
	2	加工好的成品未及时做好防蝇、防虫、防尘等措施，有食品安全隐患				
	3	冰箱储存原料要专用器皿盛放（不得使用有色塑料袋），加膜加盖、生熟分开，以免发生交叉感染				
	4	安全检查记录（食品安全、消防安全、操作安全等）不及时填写				
	5	水电气有私拉乱接现象，存在消防安全隐患				
	6	煤气管未加固，有老化现象，不得使用螺丝瓶、过期瓶，线管超过1.5米				
	7	设施设备未及时维护保养，没有设备管理卡				
	8	消防设备未及时维护保养，消防栓未检查是否有水				
办公室管理	1	办公室环境卫生脏乱差				
	2	各部门员工未持有效健康证上岗				
	3	办公室网络监控设备不畅通				
	4	未购买员工意外险				
	5	餐厅营业证件不齐全				

续表

序号		检查内容	整改要求	完成时间	责任人	备注
办公室管理	6	仓库原料入库未及时填写原料入库单，未做好入库台账				
	7	供应商证件过期，资质不全，索票索证不全，台账记录不规范				

________区域________餐厅

区域负责人签字:________

检查人:________

CHAPTER 8 | 资产管理

8.1 企业资产管理

8.1.1 企业资产管理目标和方式

公司资产指的是公司过去的交易或者事项形成的，由公司拥有或控制的，未来能给公司带来经济利益的资源，包括固定资产、无形资产、长期资产以及各种债权等。资产管理的主要目的在于保障企业实现稳定可持续发展，对投资人、债权人、合伙人、员工负责。下面我们对资产管理的目标与方式进行全面探究，帮助企业建立现代管理制度，优化资产管理。

◆资产管理的目标

（1）保值与增值。通过资产运作促使资产效益、股东利益、公司权益实现最大化，让各类资产实现良性循环。

（2）通过资产管理降低公司的经济风险。

（3）满足员工参与企业管理的需求，提高员工的创新能力，丰富员工的各项技能，满足企业现代化建设需求，为企业发展拓展更广阔的空间。

◆资产管理的方式

（1）全面执行资产管理的法律法规

公司资产管理必须按照相关的法律法规进行，计价、确认、验管、调用、处置、清理等环节必须依法办事。如果脱离法律法规的约束，资产管理可能出现各种问题，导致公司资产受损，或留下隐患。

（2）运用科学手段管理资产

资产管理要遵循经济规律，采取科学的管理手段。资产管理可以采用现代统计技术以及经济批量最优化的采购方式，对储备、生产、流通、交换等环节进行科学管理，改善售后服务，保证在生产、流通等环节的企业资产始终处于受控制状态，促使企业资产实现价值增值、优化资产贡献，降低资产管理成本。

（3）建立控制风险的资产管理机制

企业要围绕资产管理建立经济责任制，明确各部门的职责，建立失职追究制度，将资产管理任务层层落实到人，保证资产管理的各个环节环环相扣，将问题消灭在萌芽状态，预防各种事故的发生，切实维护公司的经济利益。

（4）建立灵活的资产经营机制

资产管理是公司经营活动的核心，涉及企业管理的方方面面。而市场一直处在变化之中，可能会给公司资产管理带来好或者不好的影响。面对市场带来的风险与机遇，公司资产管理要及时调整管理策略，抵御通货膨胀，适当扩大仓储，增加持有存货产品。为了拓展市场，公司可以允许适度赊销；为了尽快收回货款，公司可以推行一些优惠政策，及时收回款项，提高资金周转效率，以免出现“坏账”；为了扩大销售规模，可以尝试收购或兼并同行业的其他企业；为了提高资金利用的灵活度，公司可以适当地开展投资活动，资金短缺时也可以进行融资，借用他人的资本为公司创造更多利润。最后，公司可以采取灵活的经营方式，激发员工工作的积极性，促使各类资产实现保值增值，推动企业实现可持续发展。

（5）建立科学的资产经营绩效评价制度

公司需要建立资产经营绩效评价制度，定期对资产管理效果进行评估。一般来说，资产管理绩效评估发生在储备、生产、流通、交换、收入、分配、积余等环节完成后，评估活动可以交由政府管理部门和社会中介机构完成。通过资产经营绩效评估，公司可以在资产管理方面总结经验，发现资产管理过程中存在的问题，找到问题出现的原因，采取策略予以纠正。

资产管理绩效的衡量指标有很多，主要包括总资产周转率与周转天数，应收账款占总资产的比率以及回收率，坏账损失率及坏账损失占总资产的比率，利税总额占总资产的比率，人工成本、管理成本占总收入的比率等。在资产管理的过程中，可以将实际与预算、期末数与基期数、实际数与计划数进行对比，对资产绩效规律进行研究，对资产管理方案进行修订，保证资产管理活动可以满足公司的可持续发展需求。

8.1.2 资产管理体系的构建思路

对于企业来说，资产管理体系建设是一个存在已久的话题。企业建立一套具有自我调节与约束功能的控制系统、运行机制与运行规范，可以有效规避各种风险，提高资源运营效率，促使企业资源实现优化管理。因此面对传统业务逐渐饱和、市场竞争越发激烈等境况，越来越多的运营企业开始尝试创建企业资产管理体系，以应对整体收入与利润水平下降、客户规模无法扩大、运营压力不断增大等挑战。

对于重资产企业来说，资产效能是决定企业竞争力的关键。因此，重资产企业要不断加强对资产的精细化管理，不断强化资产管理能力，提高资产管理效率，保证资产安全、完整，从而更好地应对外部挑战与风险。

◆资产管理面临的挑战

企业资产的种类比较多，而且规模庞大、价值高、分布广、形态各异，同时，企业资产管理涉及的环节、部门比较多，资产管理难度较大，而且面临的风险也较多。具体来看，企业资产管理面临的风险包括全生命周期闭环管理体系不健全、职责划分不清晰、制度规范无法落地执行、数据信息缺乏有效管控、风险管控意识薄弱、评价指标多且分散、企业领导重视程度不够、企业监督审核力度不足等。在这种情况下，企业资产管理往往会出现很多问题，包括固定资产转资不及时、资产使用监管不力、固定资产账实不符、固定资产标签缺失导致管理混乱、资产调拨记录不健全导致资产去向不明、资产清查机制不健全、资产清查工作流于形式、固定资产报废流程不规范等。

◆资产管理体系构建目标

解决资产管理问题的最好方法就是在对资产全生命周期的流程进行分析与梳理的基础上，创建一套资产管理体系，以规范资产管理工作，提高整个公司的资产管理水平。具体来看，资产管理体系的构建目标主要包括以下几点，如表8-1所示。

表8-1 资产管理体系构建目标

序号	构建目标
1	对资产管理对象、管理流程、各环节的管理目标进行细化
2	明确资产管理分工，明确资产管理各部门的职能

续表

序号	构建目标
3	对资产管理的整个流程进行梳理，明确管理细则
4	对资产管理全生命周期面临的风险进行评估，制定风险防控策略，规范资产管理，提高资产管理的质量与效率

◆资产管理体系构建思路

资产管理体系的构建要立足于资产管理的整个生命周期，涵盖资产入库、出库、退库、转资、调拨、转让、盘点、维护、减值、租赁、报废、处置等各个环节，面向工程物资、在建工程、固定资产及存货等资产，创建“五位一体”的资产管理体系，对资产管理对象、管理目标、职责分工、制度流程、IT支撑系统、风险控制等做出详细说明。

“五位一体”的资产管理体系可以切实提高资产管理效率，规范资产管理流程。需要注意的是，“五位一体”的资产管理体系不仅明确了资产管理的关键环节，明确了资产管理人员的职能，对资产管理工具与资产管理路径做出了规范，还结合《公司治理风险管理指南》，对“风险发生的影响程度”和“风险发生的可能性”进行了综合考虑，明确了资产管理面临的关键风险，以及各个风险控制点，并将资产管理风险划分为9个层级，在对风险等级、风险描述、风险责任部门进行综合考虑的基础上，对资产管理过程中各个风险控制点进行描述，对风险关键点进行预判，同时制定极具针对性的风险防控措施，真正达到规避资产管理风险，降低资产管理成本，提高资产运营效率的目的。

8.1.3 企业无形资产的运营策略

无形资产与固定资产相对，指的是人力资源、信息、数据、技术等看不见的资产。按照无形资产形成的阶段，无形资产管理可以划分为四种类型，分别是：开发设计阶段管理、申请权益阶段管理、权益维护管理、应用管理。

进入知识经济时代以来，人力资本、信息、知识、技能、数据等在企业发展过程中发挥的作用越来越大。在此形势下，各个国家都将推动科技发展、加强知识产权管理等工作放在了经济发展的重要位置，使现代企业开始关注无形资产管理。

◆管理内容

无形资产管理涉及的内容非常多，按照不同的指标，无形资产管理可以划分为不同的类型，如表8-2所示。

表8-2　无形资产分类

分类标准	具体内容
管理层次	无形资产管理可以划分为无形资产宏观管理与无形资产微观管理
无形资产各要素	无形资产管理可以划分为厂商名称管理、专利权管理、商标权管理、技术（经营）秘密管理、域名管理
无形资产发挥的作用	无形资产管理可以划分为无形资产的内部管理与无形资产外部管理
无形资产所在区域	无形资产管理可以划分为国内管理与国际管理

◆无形资产的特点

第一，无形资产的价值超乎想象，其价值是固定资产无法比拟的。

第二，无形资产营运能够带给企业超额利润，例如一个获得消费者高度信任的品牌可以为企业带来源源不断的利润，其价值胜过任何一款高质量的产品。

第三，无形资产营运可以降低企业的扩张成本，实现价值增值。企业可以利用无形资产对外参股扩大企业规模，或者通过转让无形资产获取经济利益，进而产生规模经济效应。

◆无形资产运营策略

既然无形资产有如此多的优点，那么企业应该如何运营无形资产呢？下面我们对无形资产的运营策略进行分析。

（1）延伸策略

企业以现有的品牌、商誉为背书生产新产品，形成品牌系列产品，可以降低新产品进入市场的难度与门槛，弱化新产品进入市场的风险。从消费者角度看，消费者会将对品牌的信任转移到产品上，从而降低产品的促销费用。同时，品牌延伸可以扩大品牌的影响，增加品牌的价值。

以娃哈哈为例，起初，娃哈哈只生产儿童营养液，随着品牌知名度越来越高，消费者对品牌的信赖度越来越强，娃哈哈不断拓展产品线，开始生产果奶、绿豆沙、八宝粥、银耳燕窝、纯净水等产品。在“娃哈哈”品牌背书下，这些产品迅速占领了市场，“娃哈哈”品牌产生了放大效应，形成了一个品牌家族。

再例如长虹集团，其通过长虹彩电塑造品牌影响力，之后衍生出长虹VCD、长虹空调等产品。以“长虹”品牌为依托，新产品很快打开了市场，“长虹”这一品牌的价值得到了快速提升。

通过研究可以发现，国际上使用同一品牌的公司非常多，主要目的就是追求名牌延伸效应。

（2）融资策略

融资策略就是企业利用无形资产的影响力与信誉度拓展融资渠道，广泛吸纳资金。这种策略在我国企业界运用得比较频繁，尤其是知名的上市公司，经常会从资本市场筹集资金。以三九集团为例，三九集团凭借其品牌知名度与影响力，与正大集团合资成立了“三九正大药业有限公司”，并在此基础上与美国花旗银行等8家集团合资成立了“三九药业股份有限公司”，引进了大量外资，成功扩大了企业规模。三九集团规定，合资公司生产的所有产品都要使用“999”商标，使“999”品牌越做越大。

但在现实生活中，很多企业为了融资放弃了自己的品牌，企业规模虽然不断壮大，品牌影响力却不断减弱，结果得不偿失。在我国，这样的案例也有很多，例如熊猫、白猫、一枝花等洗涤品牌，在与德国汉高、英国利华、美国宝洁合资时放弃了自己的商标，虽然在短期内获得了可观的销售额与利润，但从长期看，这些品牌都承受了巨大的损失。

（3）扩张策略

企业可以利用名牌效应、技术优势、管理优势、销售网络等无形资产，通过联合、参股、控股、兼并等形式不断扩张，从而节约扩张成本与投资费用。目前，企业兼并、收购处于买方市场，优势企业掌握着话语权。处在亏损中的企业急于找到目标企业摆脱危机，一些地方政府也急于向知名企业靠拢。据统计，海尔集团平均每天会收到两个请求兼并的电话或邮件。

由此可见，在兼并、收购的谈判中，优势企业掌握着一定的主动权，完全有条件做到“少花钱、多办事”，甚至可以实现“不花钱也办事”。以康佳集团为例，康佳集团利用其品牌优势，在兼并重庆无线电三厂时做到了“少花钱、多办事”。重庆无线电三厂固定资产评估价值有6000万元，最终作价却只有1800万元。

8.1.4 无形资产运营时需要注意的问题

◆加大无形资产的投入，提升无形资产的价值

无形资产运营需要企业投入有形资产，以实现无形资产的保值与增值。企业投入的有形资产主要包括以下五种，分别是知识产权、质量信誉、广告宣传、自主创新、经营管理。

目前，相较于日本、美国等发达国家的企业，我国企业在人才、科

技和广告领域的投入相对较少，形成了两头小、中间大的“橄榄型”经济结构。而欧美、日本等国家的企业在科技、人才、广告等领域的支出在销售收入中的占比为5%～10%，形成了两头大、中间小的“哑铃型”经济，代表企业有日本的佳能公司和瑞典的阿特拉斯公司。这两家公司的开发人员和销售人员数量在员工总数中的占比都达到了50%，在产品开发领域投入的费用在销售收入中的占比达到了11%。

海尔集团从一个濒临倒闭的集体小厂发展到现在的规模，凭借的就是不断加大在科技领域的投入。在高速发展阶段，海尔集团平均两天就申请注册一项专利。在1997年的品牌评估中，海尔集团的估值已经达到了119亿元，位列全国第三。除海尔外，涪陵制药厂凭借一条广告起死回生，逐渐发展壮大，成为如今家喻户晓的太极实业（集团）股份有限公司。很多经济学家在分析这一案例时，都认为这是“哑铃型”经济的功劳。

◆利用企业现有的无形资产，充分发挥其效能

很多无形资产都有时效性，企业必须在有效的时间内对无形资产进行充分利用，防止无形资产因闲置而浪费。企业要充分重视无形资产的作用，将无形资产转化为现实的生产力，充分利用现有的无形资产的种种优势开展业务，将无形资产的延伸、扩张、融资等功能充分发挥出来。

◆加强无形资产管理

无形资产是企业宝贵的财富，对企业来说至关重要。因此，企业必须加强对无形资产的管理，以免资产流失或贬值。第一，企业要对无形资产的成本进行核算；第二，企业要改变传统观念，提高对无形资产的重视程度，做好无形资产的价值评估；第三，做好无形资产的保密工作；第四，为企业的无形资产争取最全面的法律保护。

8.2 固定资产管理

8.2.1 固定资产管理的岗位职责

固定资产管理的主要目的是规范固定资产管理，更好地利用固定资产，做好固定资产维修与养护。为了做好固定资产管理工作，企业要建立岗位责任制，遵循“集中领导、统一管理”的原则，明确固定资产管理分工，具体分工如下。

- 固定资产主要由资产管理部门统一管理，要建立固定资产明细账、卡。
- 各机房网管负责做好本机房固定资产的管理与维护，包括电脑、鼠标、键盘、桌椅、交换机、路由器等。
- 办公室负责做好办公室桌椅、电脑等固定资产的维护与管理。

◆固定资产管理岗位职责

（1）行政部门的职责

行政部门的职责主要有以下几点，如表8-3所示。

表8-3 行政部门的职责

序号	具体职责
1	对固定资产的使用情况进行跟踪管理
2	对各部门的设备使用与维护情况进行监督管理，提高设备利用率，定期做好设备清点与管理工作，保证账、卡、物相符
3	做好固定资产管理工作，明确固定资产分类，统一固定资产的编号，建立固定资产档案，在账卡上如实记录各固定资产的情况，并负责做好固定资产验收、调拨、报废、封存、启用等工作

续表

序号	具体职责
4	根据固定资产的使用情况编制固定资产维修计划，并定期编制申报固定资产的更新计划
5	严格固定资产管理制度，对于违反制度私自赠送、变卖、拆除、破坏固定资产的行为，要严格追究当事人的责任，并根据具体情况进行处罚

（2）使用部门的职责

使用部门的职责主要有以下几点，如表8-4所示。

表8-4　使用部门的职责

序号	主要职责
1	固定资产使用部门负责对本部门使用的资产、设备进行管理，安排专人负责，各生产班组安排专门的设备管理员，负责对每台设备进行保管、维护
2	使用部门要严格执行设备维护保养制度，按规定对设备进行清洁、润滑与养护，保证设备使用安全
3	围绕固定资产建立明细账，在领用、调出、报废固定资产之前必须报请主管领导或部门经理批准。在没有获得领导批准的情况下，任何人不得私自调动、报废、外借、变卖固定资产
4	按照主管部门的要求定期对固定资产进行盘点，做到账、卡、物相符

◆固定资产管理注意事项

（1）各单位在购置固定资产之前要向主管部门提出申请，获得主管部门领导的批准，由相关部门负责采购。

（2）采购的设备进场之前，相关部门要组织验收，设备安装完成后填写《设备使用单》，提交给主管部门。主管部门根据《设备使用单》建立固定资产卡片，并通知使用部门。

（3）基本建设项目完成后，基建部门填写《基建项目完工单》，交给主管部门。

8.2.2 固定资产管理制度与流程

◆调拨转移

（1）公司固定资产的调拨、转移、借出和出售必须获得公司主管领导和总经理的批准。

（2）公司在调拨、转移固定资产之前，必须先向主管部门提交申请，由调出、调入部门的领导签字，由财务部门办理相关手续，并通知会计交接账、卡。

（3）公司对外调拨或转移设备一般要收取一定的费用，设备所在部门的领导根据设备的使用年限、新旧程度、折余价值等计算设备调拨或转移费用。一般来讲，这个费用不能低于设备的折余价值。如果要对外处理设备，必须向主管部门提出申请，由主管部门计算设备的处理价值，报请总经理签字，办理相关的财务手续。

（4）使用部门在转移或处理设备之前，必须向主管部门提交申请。如果未经主管部门同意私自办理，一经发现，相关部门与经办人要承担相应的责任。

◆报废封存

（1）企业的固定资产到了使用年限需要进行报废处理，必须向使用部门提出申请，填写设备报废单，一式三份，然后由财务部门对净损失进行计算，上报总经理审批，获得批准后按规定办理报废手续。

（2）固定资产报废要符合以下条件，如表8–5所示。

表8–5 固定资产报废条件

序号	报废条件
1	固定资产超过使用年限，主体结构陈旧，生产率下降严重，能耗高、维修费用也高，而且无法改造利用
2	无法动迁，而且受各种因素的影响必须拆除

续表

序号	报废条件
3	固定资产受到严重腐蚀无法修复，继续使用可能会发生危险
4	绝缘老化、磁路失效、性能下降严重、不具备修复价值
5	设备在突发事故或突发的自然灾害中受到严重损坏，不具备修复价值

（3）固定资产获得报废批准后，不能再继续使用，主管部门与使用部门要及时对其进行处理。处理之后，主管部门和使用部门一起办理注销手续。对外处理固定资产时，由主管部门提出意见，总经理批准，收入上交财务部。

（4）固定资产停用超过三个月，由使用部门封存保管。

（5）闲置设备或封存设备启封要由使用部门填写启封单，提交主管部门审核批准，获得批准后才能使用。

◆清查

（1）为了维护固定资产的安全，防止固定资产丢失、损毁、被私自变卖等情况发生，相关部门要定期对固定资产进行清点，了解固定资产实有数量，并记录在册。如果发现有丢失、损毁或未入账的固定资产，要及时查明原因，并做好记录，做到账实相符。

（2）企业每年至少组织一次对固定资产的清查，遇到以下情况，可以制定临时清查计划对固定资产进行全部或部分清查，如表8–6所示。

表8–6 固定资产临时清查标准

序号	具体要求
1	固定资产管理人员面临工作调动
2	企业机构、业务发生变动，需要对固定资产进行交接
3	固定资产发生损失事故
4	因为工作需要，单位负责人临时决定对固定资产进行清查

（3）根据固定资产清查范围和任务成立清查小组，小组由资产管理部门、财务部门、使用部门、技术人员和实物保管人员共同组成，由固定资产管理部门的负责人担任组长。

（4）在清查固定资产之前，财务部门要对固定资产增减变动凭证进行核查，未入账的会计事宜要尽快入账。清查小组要主动与固定资产管理部门、仓库管理人员及相关部门联系，对固定资产的收、付记录进行核查，在固定资产清查开始前做到账目相符。

（5）在清查开始之前，固定资产管理人员应该对自己管理的固定资产进行整理，为尚未入库与应当调拨出库的固定资产办理入库与出库手续，以免发生重复清点、漏点等问题。

（6）固定资产清点要逐一进行，要对固定资产实有数与账面结存数进行核对，查看这两项数字是否相符，对固定资产的保管、使用、维修、报废和转让等情况进行审查，发现未入账的固定资产要及时了解原因并入账，发现出现损毁的固定资产要及时了解损毁原因、损毁程度，明确损毁责任，在清查表内做好记录，并提出处理意见。对租赁、代管的固定资产进行清查，并填写清查表。

（7）清查完固定资产之后，根据清查结果填写清查表，由清查人员与固定资产管理人员共同对清查表进行审核，审核无误签字盖章，一式两份，一份交给资产管理部门留存，一份交给财务部门保管。

（8）财务部门将清查表格与固定资产账簿记录放在一起进行核对，如果发现盘存数与账存数不一致，要及时查明原因，如有必要可以进行复查，或者由固定资产的管理人员做出书面说明。

（9）如果在清查过程中发现固定资产短缺或溢余，要及时查明原因，报公司领导审批。财务部门根据清查表和审批意见，按照公司的会计制度对账务进行调整，使账簿记录与实际盘存资料相一致。

◆奖惩

（1）对于在固定资产管理过程中表现突出的企业，要给予一定的物质奖励。

（2）如果因为固定资产管理人、使用人违反规定导致固定资产受到损坏，应当按规定进行赔偿。赔偿数额根据固定资产的损失与责任大小确定，相关领导也要承担一定的责任。

（3）如果发生固定资产安全事故，要按照相关规定对相关责任人追究责任，对其做出经济处罚或纪律处分，情况严重的，要追究法律责任。

8.2.3 【范本】固定资产采购管理流程

一、主管部门的职责

行政人员要随时掌握固定资产的使用状况。负责监督配合使用单位做好设备的使用和维护，确保设备完好，提高设施的利用率，并定期清查设备，保证账、票、物三相符。保留每年完整的固定资产设备明细账目和卡片，建立本单位专用设备档案，配合本单位对固定资产管理工作进行检查。

做好固定资产的分类，统一编号，建立固定资产档案，登记账票，负责审批并办理验收、调拨、封存、启用等事项。每月底根据固定资产的使用情况编制设备维修计划。

二、固定资产的购置、验收、入库

各部门购置固定资产，需填写《固定资产需求统计表》，由总经理、部门经理、财务主管进行审批。经审批后，由行政人员安排专人进行采购，填写《固定资产采购申请表》，报总经理，经部门经理、财务主管、行政主管签字确认后方可执行。在填写此表时，应详细填写固定资产名称、规格、型号，三家以上厂家报价，方便合理采购。

固定资产收到后，由财务人员和行政人员负责验收，并填写《固定资产验收清单》，一式三份。一份由部门经理保管，一份由财务人员保管，一份留行政处进行备案，并确定落实责任人。

制定购置计划时应当注意以下几点：

1. 固定资产购置应坚持多方询价（不少于三方）的原则，保证资产购置价格的合理性；

2. 应当进行市场调查和多渠道询价，然后确定供货商；

3. 进行供货商的选择时，应着重考虑供货商的资质、能力、信誉以及质量保证体系。同时，根据供货厂商的报价函及其他书面资料、价格、品质、交货期、付款条件、厂商信誉以及历史使用情况等选择最优者。

固定资产验收合格后，行政人员应当对固定资产进行分类编号。编制固定资产目录及统一编号时应注意以下几点：

1. 进行固定资产编号时应遵循统一规定的编号原则；

2. 号码一经编定不能随意变动；

3. 新增固定资产应从现有编号依次续编；

4. 每一固定资产编号确定后，实物标牌号应与账面编号一致。

三、资产报废与报损

每月行政人员在计划工作会前统计固定资产报废情况，编制月度固定资产报废计划，填写《固定资产处置审批单》，由总经理、部门经理、财务主管审批。

行政人员对已批准报废的固定资产进行筛选。通过适当维护、修理，能够继续使用的物品由行政人员负责调配给有需求的部门使用；对已批准报废并经筛选后剩下的物品由财务人员进行作价处理，物品经公司有关部门和领导审核批准后进行处理。

当固定资产破损或丢失时，固定资产使用部门需要填写《固定资产处置审批单》并提交相关领导审核。有关部门对固定资产报损或报失情况进行核实后，在《固定资产处置审批单》内填写调查意见，并签字确认，由行政人员将《固定资产处置审批单》送财务部门审核。

根据审批通过的《固定资产处置审批单》更新固定资产的台账和卡片的相关信息，财务部门根据审批通过的《固定资产处置审批单》进行报损、报失固定资产的账务处理。

四、固定资产的清查

为确保公司固定资产账实相符，公司行政人员负责固定资产的清查盘点工作，清查盘点每年至少进行两次。行政人员编制固定资产盘点计划、固定资产盘点表，由财务人员配合相关工作。盘点结果和差异应由行政人员、财务人员和固定资产使用人员三方签字确认。固定资产盘点表分别由综合部门和财务部门归档保存。由行政人员负责填制或注销固定资产卡片、台账，财务人员负责更改固定资产相关账务。

8.2.4 【表格】企业固定资产购置申请表

申请部门			申请时间		
固定资产名称	规格型号	单位	数量	预计单价	预计总价
总计					
申请部门负责人意见：	年 月 日	行政部负责人意见：	年 月 日	财务部负责人意见：	年 月 日
总经理意见：					

8.3 数据资产管理

8.3.1 数据资产管理的主要内容

进入大数据时代以来，数据规模不断扩大，数据的潜在价值不断被挖掘、释放，数据逐渐成为企业的一种核心资产，为企业的创新发展提供源源不断的动力。目前，“数据即资产”已经成为企业界的共同认知，越来越多的企业将数据作为一种资产进行管理。和传统认知中的企业资产相比，数据资产具有一定的独特性，因此数据资产管理也与传统的企业资产管理有所不同。

在大数据时代，各行各业产生了海量数据，但企业的数据资源比较分散，管理人员无法及时了解数据分布情况，无法获得最新的数据，也无法快速找到并识别出有价值的数据将其纳入资产管理，存在比较严重的“数据孤岛”现象。据统计，目前超过90%的企业都存在“数据孤岛”现象。再加上企业数据一直处在动态变化之中，而且会随着业务发展不断增加，给数据资产管理带来了极大的困难。

◆数据资产的定义

在国内，“数据资产管理”一词最早由中国数据资产管理峰会组委会提出。数据管理自提出至今已有40多年，数据治理自提出至今也有20多年，但数据资产管理自提出至今还不足10年。根据中国数据资产管理峰会的定义，数据资产管理指的是对数据管理、数据治理及数据资产化的管理过程。

◆数据资产化核心内容

数据资产管理涵盖了三大核心内容，一是大数据资产的治理和管控，二是大数据资产应用创新和资产共享，三是大数据资产的流通运营和资产增值。

数据治理与数据管理不同，数据管理指的是对数据与信息资产进行规划、控制，将其价值充分发挥出来，主要发生在企业内部。数据治理指的是数据资产管理活动行使权与控制的活动集合，包括对数据资产进行规划、监控与执行等。数据治理要秉持科学的原则与规范的流程，采用正确的方式，遵守相应的规则。

数据资产治理和管控要面向数据的整个生命周期，从空间与时间两个维度切入。首先，在空间维度，因为数据需要在不同系统、不同业务之间流动共享，所以数据治理需要有专门的机构统筹规划、协调推进，跨越不同的系统与业务，实现端到端治理。其次，在时间维度，企业管理数据资产就是管理数据的生命周期。数据首先被创建或获得，然后存储、维护和使用，最终被销毁。因而有效的数据管理，开始于数据获取之前，企业先期制定数据规划、定义数据规范，以期获得实现数据采集、交付、存储和控制所需的技术能力。

目前，数据以及由数据产生的信息已经成为企业公认的资产，企业资产是实现企业运营目标的重要保障。企业的高效运行需要以高质量的数据资产为依托，只有这样，企业才有可能做出科学的决策。近年来，越来越多的企业开始注重数据资产的开发与利用，这些企业对其拥有的客户资料进行深入挖掘，对其掌握的信息进行创新使用，以便在市场竞争中占据优势地位。通过对企业数据进行开发，企业可以提高产品与服务的质量，降低运营成本，控制运营风险。

随着企业对数据的需求不断拓展，对数据的依赖度不断增长，人们可以对数据资产的价值做出科学评估。未来，每家企业都需要对自己积累的高价值数据进行科学管控，通过业务领导与技术专家相互合作，对企业的数据资产与信息资产进行有效管控。

8.3.2 数据资产管理的核心价值

进入大数据时代，随着数据交互共享与数据服务应用技术不断发展，企业积累的数据开始释放价值。因此，企业必须将数据作为一项重要资产，盘活数据，将数据的附加价值充分发挥出来。但在实际应用的过程中，受各种因素的影响，企业的数据资产管理面临着很多问题。

首先，企业的数据基础比较薄弱，数据标准比较混乱，数据质量参差不齐，“数据孤岛”现象比较严重，给数据的共享应用带来了一定的困难。其次，由于数据规模较小，数据种类较少，大多数企业对数据应用的探索刚刚起步，数据应用主要集中在精准营销、舆情管理、风险控制等领域，无法实现深度开发与广泛应用。最后，由于数据价值评估难度较大，企业很难对数据应用成本以及数据应用对企业发展的贡献做出准确评估，导致企业无法像运营有形资产一样运营数据资产。

数据价值的挖掘与释放离不开数据资产管理。因此，企业要想方设法解决数据价值挖掘过程中面临的各种问题，采用科学系统的方法解决数据收集、应用等问题，尽量以最低的成本获取最大的收益。具体来看，数据资产管理要做好以下几项工作。

（1）全面掌握数据资产现状。企业想要做好数据资产管理，首先要对拥有的数据进行盘点，绘制数据地图，为数据开发应用奠定良好的基础。作为数据资产盘点的重要产物，数据地图应用广泛，包括帮助业务人员快速获取所需数据，帮助数据开发人员更全面、深入地了解数据，对数据资产管理进行有效监控等。

（2）提升数据质量。数据质量越高，能够发挥的作用越大。企业的数据资产管理可以创建一套切实可行的数据质量监控体系，对数据质量进行审核，从源头做好数据质量控制，让质量管理覆盖数据的整个生命周期，将分散的、价值不同的数据转化为企业的优质资产。

（3）实现数据互联互通。为了做好数据资产管理，企业可以创建一套统一的数据标准，建立数据共享制度，对数据申请、审批、传输、使用等流程进行规范，打破“数据孤岛”，促使数据在企业内部实现高效流通与共享。同时，企业要搭建数据流通开放平台，促进数据流通与交换，提高数据的服务能力与应用能力。

（4）提高数据获取效率。为了做好数据资产管理，企业需要搭建数据管理平台，采用机器学习等自动化技术，帮助数据分析人员快速获取所需数据，缩短数据准备时间，提高数据获取效率与服务效率，使数据价值得以充分释放。

（5）保障数据安全合规。数据资产管理的最低要求就是保障数据安全，其策略包括建立健全数据安全策略、完善数据安全措施、执行数据安全审计、做好数据安全管控、防止数据获取与使用触犯相关法律法规，为数据价值的充分挖掘营造一个良好的环境。

（6）数据价值持续释放。数据存储与管理的最终目的是对数据进行开发利用，将数据的价值充分释放出来。数据资产管理将数据作为企业资产，对其进行持续、动态的管理，为企业的数字化转型提供不竭动力。为了做好数据管理，企业要创建一套符合数据驱动的组织管理流程和价值评估体系，同时要搭建现代化的数据平台，利用智能化、自动化技术，保证平台可以持续不断地为数据资产管理服务。

8.3.3　数据资产管理软件的应用

◆如何做好数据资产管理

企业的数据资产管理可以借助一些工具来完成，例如某公司开发的数据资产管理软件，利用元数据对企业的数据资产的特征进行描述，并将企业的数据资产归入不同的目录进行分类管理，统一目录内容，规范数据资产服务，形成支持数据资产管理的多渠道应用，包括数据共享服务、分析决策支持等，使数据资产的价值实现最大化。具体来看，该软件的功能大致如下。

（1）数据资产编目

目录构建流程非常简单，而且目录构建全过程可以进行可视化操作，支持接入各种元数据，并自动挂载资源，对企业的数据资产进行分类管理。除此之外，目录还具备自动活化功能，可以根据元数据的内容自动更新，与实际资源保持一致。

（2）数据资产标签

数据资产标签功能可以以批量、自动化的方式为企业的数据资产添加标签，重新对数据进行定义与处理，让数据变得可理解。

（3）数据资产服务

数据资产服务可以提高数据的共享能力，自动生成各种数据服务功能，包括数据查看功能、数据下载功能、数据接口等，自动生成数据交换任务，根据数据资产对象权属信息为其提供统一的数据共享服务。

（4）数据资产运营

企业的数据资产想要投入使用，必须先赋予使用对象一定的权力，其中API服务通过提供多个参数明确了数据权属，数据交换服务需要通过归属用户的审批才能投入使用。